Fahrradurlaubsführer

ELBE-RADWEG

Von Tangermünde bis zur Nordsee

Mit allen **kulturellen** und **landschaftlichen Highlights** entlang der Strecke

Christine Lendt, Hans Zaglitsch

BRUCKMANN

Unterwegs auf dem Elbe-Radweg Nord

INHALT

Oben: Die Stadtansicht von Lauenburg
Links: Oben: Aussichtspunkt am Burgberg in Arneburg
Unten: Fachwerkhäuser in Lauenburg
Rechts: Oben: Hamburger Hafen
Mitte: Elbufer nahe Glückstadt
Unten: Seitenkanal der Elbe in Haseldorf

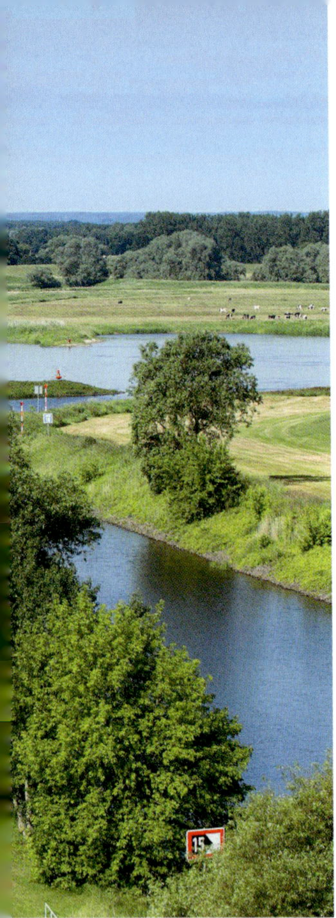

Nächste Doppelseite:
Blick vom Weinberg auf Hitzacker

Inhalt

Von Glückstadt bis Cuxhaven oder von Wischhafen bis Brunsbüttel

Links: Oben: Die Elbe bei Dömitz
Unten: Freiburg an der Elbe
Rechts: Oben und Mitte: Elbufer und Hafen Glückstadt
Unten: Strand von Krautsand

VON TANGERMÜNDE BIS AN DIE NORDSEE

IMMER AM FLUSS entlang

Dieser Teil des beliebten Fernradwanderwegs führt über Hunderte von Kilometern von Sachsen-Anhalt aus durch idyllische Elbauen – die teils zum UNESCO-Biosphärenreservat gehören –, durch vielfältige Landschaften und verträumte Dörfer. Auch etliche kulturhistorisch bedeutsame Städte liegen am Weg. Wer ihn aus südlicher Richtung fährt, wird irgendwann ordentlich Wind im Gesicht spüren und die befreiende, salzige Luft der Nordsee einsaugen. Kombinieren lässt sich die Route mit Teil 1 (Fahrradurlaubsführer Elbe-Radweg von Bad Schandau bis Magdeburg).

Radfahrer können von Tangermünde aus eintauchen in die grünen Auenlandschaften des UNESCO-Biosphärenreservats Flusslandschaft Elbe, durch das die Route auf zahlreichen Kilometern führt, dabei Biber und ihre Baukünste bestaunen sowie Ausstellungen zu dieser einmaligen Natur besuchen, besonders in Bleckede. Auch sind die vielen Storchennester in den Elbtalauen der Prignitz und der

Die herrliche Elbufer-Landschaft zwischen Hitzacker und Darchau

Altmark zu entdecken, vor allem im »Europäischen Storchendorf« Rühstädt und in Wahrenberg, dem storchenreichsten Dorf Sachsen-Anhalts.

Durch die Marschen zum Meer

Genauso lohnt es sich, Kulturlandschaften wie die vom Gemüseanbau geprägten Vier- und Marschlande oder das durch Dörte Hansens Roman nun noch bekanntere Alte Land zu erkunden, wo im Frühjahr Millionen von Obstbäumen blühen. Oder sich von der zunehmend von Ebbe und Flut geprägten und allmählich sich zum machtvollen Strom ausweitenden Elbe durch Hamburg leiten zu lassen, ihr durch naturgeschützte Marschlandschaften und entlang von Deichen zu folgen, auf denen Schafe blöken. Und schließlich dabei sein, wenn sie sich an ihrer breiten Mündung mit der Nordsee vereint. Schon viele Kilometer zuvor liegt eine Ahnung von Meersalz in der Luft, das Klima verändert sich, und am Ziel angekommen, heißt es: tief durchatmen und die Reise beim Rauschen der Brandung ausklingen lassen.

Die Markierung im Norden

Dieses Buch stellt – genauso wie der Band über den Elbe-Radweg Süd – besonders schöne Etappenziele, Sehenswürdigkeiten und Landschaften vor. Es enthält auch

Auch Kunstvolles liegt immer wieder am Wegesrand, wie das Denkmal »Der Rufer« in Lauenburg

Hinweise zum Streckenverlauf und praktische Tipps. Beides kann bereits dazu beitragen, die Reiseplanung zu erleichtern. Der Elbe-Radweg ist größtenteils gut markiert, allerdings kann es unterschiedlich aussehen: Während im südlichen Teil besonders oft das Logo des Elbe-Radwegs (blaues »e« auf weißem Grund, geformt wie eine Flussschleife) zu sehen ist, erkennt man den Verlauf im Norden oft an einer grün-weißen oder rot-weißen Beschilderung. Das Logo ist aber auch hier immer wieder mal zu sehen.

Wie die Strecke beschaffen ist

Der Elbe-Radweg ist fast durchgängig entspannt zu fahren. Die Strecke verläuft vor

Vielerorts helfen ausführliche Infotafeln weiter.

allem hier im Norden überwiegend eben, ist auf den meisten Abschnitten asphaltiert, autofrei und ausgeschildert. Nur da und dort verlangen moderate Steigungen etwas mehr Kondition, besonders in den Elbhöhen des niedersächsischen Wendlands. Auch geht es mal über holperige Strecken, etwa beim Kopfsteinpflaster einiger Altstädte. Besonders im Umkreis der größeren Städte kann auch etwas mehr Trubel auf den Wegen herrschen, die in Naherholungsgebieten gern auch von Einheimischen für kürzere Ausflüge genutzt werden. Oftmals ist es auch möglich, alternative Strecken zu fahren. Der Elbe-Radweg verläuft in vielen Abschnitten beidseits des Flusses. Zahlreiche Brücken und Fähren verbinden die Ufer, sodass Radfahrer nach Belieben wechseln können. Wo sich das lohnt, ist an den jeweiligen Stellen in beiden Bänden dieses Radreiseführers beschrieben.

Welche Richtung ist die beste?

Generell wird beim Elbe-Radweg gern mal empfohlen, »gegen den Strom« zu fahren, was paradox klingen mag. Doch der Wind kommt hier häufig aus nordwestlicher Richtung, weht an der Elbe dann also flussaufwärts. Wer von Tschechien her kommt, muss daher gegen den Wind radeln. Allerdings herrschen gerade bei schönem Sommerwetter auch häufig östliche Winde vor oder es windet ohnehin kaum – Richtung Küste hingegen kann es auch mal stärker wehen. Wer flexibel bei der Planung ist, sollte also möglichst spontan und je nach Wetterlage entscheiden. Von den Eindrücken her finden es viele schöner, im Südosten zu starten, also zum Beispiel an der tschechischen Grenze (für die komplette Route) oder in Magdeburg (nur für den nördlichen Teil), um dem Strom in Richtung Norden zu folgen – oder sogar ganz bis zum Meer.

Mit Kindern auf dem Elbe-Radweg

Aufgrund seiner Beschaffenheit eignet sich der Elbe-Radweg grundsätzlich auch für Kinder, wobei natürlich je nach Verkehrssituation Achtsamkeit mit »im Gepäck« sein sollte. Er bietet so viele Eindrücke, dass schon die Tour an sich für Kinder eine tolle Sache ist, wenn man sie mit etwas Gespür fürs Abenteuer gestaltet: Wer entdeckt den ersten Biber, wer das erste Storchennest? Wer schafft diese Steigung als Erster? Wer kann erklären, wie eine Gierseilfähre funktioniert? Mit etwas Fantasie wird aus jeder Situation ein Erlebnis. Darüber hinaus gibt es an der Elbe immer wieder mal kleine Sandstrände zum Buddeln oder Planschen, aber Vorsicht: Nicht überall ist es flach und sicher, besonders im Norden ist auf örtliche Warnungen vor Sog oder Strömungen zu achten. Auch in den vielen Burgfestungen und mittelalterlichen Stadtzentren gibt es einiges zu entdecken. Und wenn es einmal etwas mehr Abwechslung sein soll oder das Wetter gar nicht mitspielt, finden sich vielerorts auch Angebote speziell für Familien.

Zum Gebrauch des Fahrradführers

Dieses Buch will kein klassischer Streckenführer zum Elberadweg sein – den es angesichts der vorbildlichen Ausschilderung auf dem hier vorgestellten Abschnitt auch gar nicht braucht, sondern vielmehr ein Reiseführer zum beliebten Radfernweg, der beschreibt, was es alles am Wegesrand zu sehen und zu erleben gibt, wo man am besten essen und übernachten kann. Es geht also um all jene Aspekte, die den Elberadweg erst zu einem besonderen Erlebnis machen. Die Streckenschilderungen zu Beginn eines jeden Kapitels sind daher zugunsten der touristischen Informationen sehr knapp gehalten. Auch wurde aus demselben Grund darauf verzichtet, den Weg in den Karten komplett abzubilden. Einige wenige Streckenabschnitte ohne besondere Sehenswürdigkeiten sind herausgenommen worden. Sie können sich allerdings die Karten zum kompletten Weg auf der Seite des Bruckmann Verlags unter gps.bruckmann.de herunterladen.

Einteilung in Etappen

In diesem Buch werden mögliche Etappen vorgestellt und auch jeweils lohnenswerte Teiletappenziele. Die Etappen wurden so gewählt, dass eine An- und Abreise auch für einzelne Etappen gut machbar ist. Doch diese Einteilung ist natürlich kein »Muss«, hängt es doch letztendlich auch von der persönlichen Fitness ab, wie viele Kilometer täglich zu schaffen sind – und vor allem auch von der Frage, ob nicht auch schon der Weg das Ziel sein sollte.
Es gibt verschiedene Varianten, den Elbe-Radweg zu fahren: Während die einen in kurzer Zeit möglichst viel »Strecke machen« möchten – sei es um einen persönlichen Rekord aufzustellen oder weil die Urlaubstage sehr begrenzt sind –, sind andere vor allem des Genusses wegen unterwegs und fahren nur so weit, wie es ihnen spontan möglich ist, um sich dafür mehr anschauen zu können. Also, nehmen Sie sich genügend Zeit für Ihren »persönlichen« Elbe-Radweg!

Die meisten Abschnitte sind entspannt befahrbar, also familienfreundlich.

7 Bundesländer liegen am Elberadweg (Sachsen, Sachsen-Anhalt, Brandenburg, Niedersachsen, Mecklenburg-Vorpommern, Schleswig-Holstein und Hamburg), außerdem ein Teil Tschechiens.

3000 Radfahrer nutzen an einem Sommertag durchschnittlich den Elberadweg.

15 Kilometer breit ist die Elbmündung dort, wo der Fluss hinter Cuxhaven in die Nordsee strömt. Allein in und um Cuxhaven gibt es ungefähr 200 Kilometer Radwege, die von den Besuchern gern genutzt werden.

2018 wurde der Elberadweg bereits zum 14. Mal in Folge vom ADFC zum beliebtesten Radfernweg Deutschlands gewählt, in den beiden Folgejahren lag er auf Platz 2.

282 250 Hektar groß ist das 1997 von der UNESCO anerkannte, länderübergreifende Biosphärenreservat „Flusslandschaft Elbe", das größte im Binnenland gelegene Biosphärenreservat in Deutschland. Es repräsentiert eine der letzten naturnahen Stromlandschaften Mitteleuropas und erstreckt sich über einen circa 400 Kilometer langen Flussabschnitt der Mittelelbe.

1175 Kilometer beträgt in etwa die Gesamtlänge des Elbe-Radwegs. Davon verlaufen circa 350 Kilometer in Tschechien und circa 825 Kilometer in Deutschland.

30 Storchenpaare, oft noch mehr, beziehen alljährlich Nester im Storchendorf Rühstädt und gewähren Einblicke in ihr Familienleben.

Elbe-Radweg in Zahlen

39 Elbfähren verbinden entlang der Strecke von der Tschechischen Grenze bis Cuxhaven beide Ufer (Adressen und Details unter https://www.elberadweg.com/touristische-anbieter/faehren/)

600 Kilometer lang ist ungefähr die Strecke auf dem Elbe-Radweg zwischen Dresden und Hamburg, den beiden Metropolen, die durch eine lange bestehende Städtepartnerschaft verbunden sind.

VON TANGERMÜNDE BIS WERBEN

@WICHTIG

Länge der Etappe: ca. 40 km

Fahrradservice

WELTRAD Fahrradmanufactur,
Cokturhof 3, 39218 Schönebeck
Tel. 03928/42 90 66 u. 42 10 15
info@weltrad.de
www.weltrad.de
Besichtigung und Anfrage bei der Fertigung von klassischen Fahrrädern der eingetragenen Marke WELTRAD, umfangreicher Reparaturservice

Vorherige Doppelseite:
Die Elbfähre Schartau-Rogätz

Links: Backsteingotik vom Feinsten
Rechts: Neustädter Tor
In Tangermünde fühlt man sich beinahe wie zu Zeiten der Ritter.

1 Hansestadt Tangermünde

Eine 800 Jahre alte Festungsstadt

Der Anblick von Tangermünde versetzt den Betrachter unmittelbar ins Mittelalter, so intakt präsentiert sich die Stadt mit der klinkerroten Stadtmauer und den dahinter hervorlugenden historischen Gebäuden.

Hier, wo die Tanger in die Elbe mündet, entstand die auf einem hohen Plateau errichtete Stadt vor rund 800 Jahren im Schutz einer Burganlage, die bereits im frühen 11. Jahrhundert existierte. Einige Türme ragen aus dem kleinen Häusermeer, am höchsten ist mit 87 Metern der Nordturm der Kirche St. Stephan. Erst hinter der Mauer wird sichtbar, dass sich auch viele Fachwerkhäuser im Zentrum verteilen und einiges von der mittelalterlichen Bebauung fehlt. Am 13. September 1617 waren zwei Drittel der Stadt bei einem verheerenden Brand verwüstet worden. Die historische Bebauung konnte weitgehend erhalten bleiben, weil sich die mit vielen Neubauten einhergehende Industrialisierung auf den Norden Tangermündes konzentrierte. Auch im Zweiten Weltkrieg blieb die Stadt weitgehend verschont. Bei einem Besuch des Heimatmuseums im alten Rathaus erfährt man mehr über ihre wechselvolle Geschichte bis 1900.

Ein Anblick wie zu Ritterzeiten

Die Stadtmauer von Tangermünde wurde um 1300 errichtet und im 18. und 19. Jahrhundert umfangreich erneuert. Besonders von der Flussseite aus

Touristeninformation

Tourismusbüro Tangermünde
Markt 2, 39590 Tangermünde
Tel. 039322/22393
buero@tourismus-tangermuende.de
www.tangermuende.de

Links: In dem beschaulichen Städtchen ist noch viel Fachwerk zu sehen.
Rechts: Die Kirche Sankt Stephan und ein Teil der Burganlage in Tangermünde

betrachtet ist der Anblick noch fast der gleiche wie zu Ritterzeiten.
Auf dem regulären Radweg hinauf in die Altstadt begrüßt das Neustädter Tor alle Ankommenden. Sein rechteckiger Turm entstand zeitgleich mit der Stadtmauer. Der charakteristische Rundturm mit seinen Zinnen sowie der Mittelbau kamen um 1450 hinzu. Über der Durchfahrt des Tores zeigen Putzblenden Wappen, die erst 1897 aufgetragen wurden: den Preußischen Königsadler, den Reichsadler des Bismarckreichs, den Tangermünder Adler, den Adler des Heiligen Römischen Reichs Deutscher Nation sowie den Brandenburgischen Adler (von links nach rechts).

Geschichtsträchtige Bauten

Mitten in der Stadt behauptet sich trutzig ein weiterer, besonderer Turm. Er gehörte zur ursprünglich mit zwei Wehrtürmen ausgestatteten Anlage des Hünerdorfer Tors, wurde ebenfalls bereits von 1300 an gebaut und 1460 zu seiner heutigen achteckigen Form erweitert.
Direkt dahinter ragt der Turm der Kirche St. Stephan empor. Auch dieses Bauwerk hat im Lauf der Jahrhunderte schon einiges erlebt. Auf eine im 12. Jahrhundert errichtete Vorgängerkirche folgte im späten Mittelalter eine Hallenkirche im Stil der norddeutschen Backsteingotik. Ihre damalige Ausstattung wurde durch den Stadtbrand von 1617 weitgehend vernichtet. Von Bedeutung ist die 1624 ergänzte Scherer-Orgel. Sie zählt zu den zehn wertvollsten historischen Orgeln Europas. Bei Musikveranstaltungen in den Sommermonaten von Mai bis Oktober können Besucher ihren Klängen lauschen.

Die Niederungsburg

Am nördlichen Zugang zur Altstadt sind Gebäude der ehemaligen Niederungsburg zu bewundern.

FREUD & LEID

MITTELALTERFEST

Besonders lebendig wird das Mittelalter in Tangermünde jeweils an einem Wochenende im September. Bereits seit 1987 zelebriert die alte Kaiser- und Hansestadt alljährlich ein Burgfest mit buntem Programm in der Altstadt, am Elbufer und auf dem Bleichenberg. Mit dabei sind Musikanten, Clowns, Artisten und andere Künstler und Musikgruppen aus der Region auf mehreren Bühnen. Höhepunkt ist ein festlicher Umzug, bei dem Kaiser Karl IV. mit seinem Gefolge hoch zu Ross durch das Neustädter Tor und die Lange Straße entlang bis hinauf zum Burgberg reitet. Dort richtet er in seiner immer wieder mit Spannung erwarteten traditionellen »Rede an das Volk« das Wort an die Zuschauer. Zum Abschluss leuchtet ein Höhenfeuerwerk über den Stadtmauern. Informationen gibt es unter www.tangermuende.de/Veranstaltungen

Links: Oben: Erinnerungen an alte Zeiten
Unten: Rathaus
Rechts: Das Denkmal Grete Minde

Askanische Markgrafen ließen bereits um 925 ihren Grundstein legen, wahrscheinlich um den Grenzverkehr auf Tanger und Elbe zu überwachen. Geblieben sind das Burgtor, die Kanzlei, der eckige Bergfried, ein Wohnturm sowie der Burggraben. Im zentralen Teil der Anlage ist heute ein Hotel untergebracht. Zu sehen ist außerdem ein runder Gefängnisturm, um den die Burganlage 1480 zur zusätzlichen Sicherung erweitert wurde. Die namensgebenden Gefängniszellen erhielt er erst im 18. Jahrhundert, sein Kegeldach im Jahr 1912.

Im Burgmuseum

Das einzige erhaltene Gebäude im inneren Burghof ist die Kanzlei aus dem 14. Jahrhundert. Sie diente zunächst als Tanzhaus und später als Schreiberei. Zur selben Bauzeit entstand der Bergfried. Wegen seiner späteren Nutzung als Getreidespeicher durch das Berliner Domkapitel wird er auch Kapitelturm genannt. Heute bietet er als Aussichtsturm einen schönen Überblick über die Burganlage.
Über die Burg und ihre Vergangenheit informiert das Burgmuseum in der Straße mit dem Namen Schloßfreiheit, die einst eine Burgmannensiedlung darstellte. Das Museumsgebäude – Haus Nummer 5 – ist das älteste erhaltene Wohnhaus in Tangermünde und stammt aus dem Jahr 1543. Gleich um die Ecke in der Hünerdorfer Straße steht die Salzkirche, die heute für Ausstellungen, Konzerte und andere Kulturveranstaltungen genutzt wird. Die auch Elisabethkapelle genannte Kirche diente vom späten 17. Jahrhundert bis ins frühe 19. Jahrhundert als Salzlager.

Gedenken an Kaiser Karl IV.

Auf dem Burggelände beim Gefängnisturm erinnert ein Denkmal an Kaiser Karl IV., von 1355 an römisch-deutscher Kaiser und einer der bedeutendsten

Herrscher im späten Mittelalter. Der letzte deutsche Kaiser Wilhelm II. (1859–1941) schenkte der Stadt das Standbild im Jahr 1900. In der Nähe befindet sich außerdem ein Denkmal Kurfürst Friedrichs I., das 1912 aufgestellt wurde – wie Wilhelm II. stammte er aus dem Hause Hohenzollern. Die Hohenzollern residierten einige Jahrzehnte in Tangermünde, bis sie Mitte des 15. Jahrhunderts nach Berlin-Cölln umsiedelten.

Skulpturen am Elbufer

Unten an der Elbpromenade hingegen ist Kunstvolles aus der Neuzeit zu finden: Acht Skulpturen wurden hier an verschiedenen Stellen aufgestellt. Regionale Künstler schufen sie 1998 im Rahmen des VI. Internationalen Steinbildhauersymposiums in Sachsen-Anhalt. Sie verleihen dem Fluss eine besondere Note und geben sehr schöne Fotomotive ab!

Infos und Adressen

SEHENSWÜRDIGKEITEN

Elbe-Land-Museum,
Zönu- und Nabu-Elbezentrum-
Burgmuseum Tangermünde
Bucher Querstr. 22
39590 Tangermünde/Buch
Tel. 039362/816 73
rezeption@elbetourist.de
www.elbetourist.de
Mai–Oktober tgl. 10–17 Uhr

Burgmuseum Tangermünde
Schloßfreiheit 5
39590 Tangermünde
Tel. 039322/928 44
sigrid.brueckner@
tangermuende.de
www.tangermuende.de

Links: Oben: Der Turm der Burg Rogätz an der Elbe
Unten: Auf der Ferchland-Fähre
Rechts: Oben: Fachwerkkirche in Klietznick
Unten: Im Bismarck-Musuem

2 Hansestadt Werben

Biedermeier und Meister Adebar

Die eine sitzt majestätisch auf einer Elbinsel, prunkt mit Dom und Klosteranlage. Die andere gibt sich dörflich und unscheinbar, hat aber eine ebenso spannende Geschichte. Die Städte Werben und Havelberg gehörten beide dem Handelsbund der Hanse an und liegen sich fast gegenüber – Erstere befindet sich an der Hauptroute des Elbe-Radwegs.

Wie überall auf dem Elbe-Radweg ist außerdem schon der Weg das Ziel – hier geht es unter anderem noch durch das hübsche Arneburg (siehe Kapitel 4). Am Ortsausgang von Tangermünde lohnt es sich zunächst, das Elbufer zu wechseln, auch wenn es hier nur über die verkehrsreiche Brücke der

Bundesstraße 188 möglich ist (Zufahrt für Radfahrer vorhanden). Denn nach drei Kilometern stromabwärts folgt Schönhausen.

Von Bismarck in Schönhausen

Hier wurde Otto von Bismarck am 1. April 1815 geboren, und die Spuren seiner landadligen Herkunft sind zu besichtigen. In einem aufwendig restaurierten Flügel des ehemaligen Schlosses Schönhausen I, dem Geburtshaus des späteren Reichskanzlers, ist ein Museum untergebracht. Wenige Schritte weiter steht die romanische Kirche, in der Bismarck getauft wurde. Sogar das originale Taufbecken ist noch vorhanden. Falls die Kirche geschlossen ist, kann man an der Tür gegenüber dem Kircheneingang fragen und um Öffnung bitten. Die dort wohnende Dame verwaltet den Schlüssel. Erhalten geblieben ist außerdem ein weiteres Gutshaus der Familie von Bismarck (Schloss II).

Tausend Jahre Geschichte

Am linken Elbufer – und damit direkt am regulären Elbe-Radweg – befindet sich in unmittelbarer Nähe die Hansestadt Werben. Mit dem Bistumssitz Havelberg und seinen Bauten kann sie zwar nicht ganz mithalten, dafür hält sie den Rekord als kleinste Hansestadt Deutschlands. Rund 1100 Einwohner leben hier, in Havelberg sind es fast 7000. Interessant ist in jedem Fall die rund 1000-jährige Geschichte Werbens; unter anderem verfügt die Stadt über die älteste Gründung des Johanniterordens auf norddeutschem Boden. Nachdem Markgraf Albrecht der Bär dem Orden die heutige Kirche St. Johannis übertragen hatte, wurde diese zum Hauptsitz des Ordens erklärt. Ein imposantes Rathaus mit Vorplatz, um den sich einige liebevoll restaurierte Fachwerkhäuser gruppieren, und das Elbtor mit einem angelegten Storchennest gleich daneben sehen aus

LInks: Meister Adebar begegnet man hier oft auch unerwartet, schmucke Fachwerkfassaden. **Rechts:** An der Alten Elbe bei Sandkrug; Unten: Taufkirche von Bismarck in Schönhausen

wie aus dem Bilderbuch, andere Teile Werbens wiederum sind noch dem Verfall preisgegeben.

Die Stadt der Störche

Werben ist auch als Stadt der Störche bekannt – eine Storcheninformationsstelle ist im Rathaus zu finden. Auch mit dem Beinamen »Biedermeierstadt« wird die kleine Ortschaft oft belegt. Denn mehr noch als das mittelalterliche Erbe blieben Wohnhäuser und kleinstädtische Grundstrukturen, wie sie in der Biedermeierzeit existierten, erhalten und prägen das Bild. Die Substanz der mittelalterlichen Hansestadt wurde in Kriegen weitgehend zerstört, lediglich die Kirche St. Johannis, das Elbtor, die Salzkirche und der Grundriss des Städtchens lassen auf die mittelalterliche Anlage schließen. Die heutige schlichte Fachwerkstadt hingegen entstand erst im späten 18. Jahrhundert. Mit den regelmäßig stattfindenden Biedermeier-Sommer- und Christmärkten möchte Werben auf eine historische Epoche aufmerksam machen, die die Stadt geprägt hat, und besondere Erlebnisse schaffen.

FREUD & LEID

GUTSHAUS BÜTTNERSHOF

Etwa 14 Kilometer nördlich von Arneburg findet sich eine besondere Übernachtungsmöglichkeit direkt am Elbe-Radweg – dieser verläuft sozusagen mitten hindurch, denn die Route führt hier durch einen ehemaligen Gutshof, der behutsam umgebaut und in eine Pension mit Restaurant verwandelt wurde. Es handelt sich dabei um den 250 Jahre alten, denkmalgeschützten Adelssitz der Familie von Katte von Lucke. Nach der stilgerechten und detailgetreuen Sanierung lebt das Anwesen nun als »Gutshaus Büttnershof« wieder auf. Es liegt obendrein schön ruhig mitten im Biosphärenreservat Flusslandschaft Elbe. Informationen gibt es unter www.gutshaus-buettnershof.de

Impressum

Verantwortlich: Dr. Johannes Abdullahi
Redaktion: Rainer Schöttle
Layout: Sabine Knape
Repro: LUDWIG:media
Korrektorat: Gabriele Rupp
Umschlaggestaltung: Ralph Hellberg
Kartografie: Bruckmann Verlag GmbH, Heidi Schmalfuß
Herstellung: Alexander Knoll
Printed in Slovenia by Florjancic

★★★★★

Sind Sie mit diesem Titel zufrieden?
Dann würden wir uns über Ihre Weiterempfehlung freuen.
Erzählen Sie es im Freundeskreis, berichten Sie Ihrem Buchhändler, oder bewerten Sie bei Onlinekauf.
Und wenn Sie Kritik, Korrekturen, Aktualisierungen haben, freuen wir uns über Ihre Nachricht an Bruckmann Verlag, Postfach 40 02 09, D-80702 München oder per E-Mail an lektorat@verlagshaus.de.

Unser komplettes Programm finden Sie unter www.bruckmann.de

In diesem Buch wird aus Gründen der besseren Lesbarkeit das generische Maskulinum verwendet. Weibliche und anderweitige Geschlechteridentitäten werden dabei ausdrücklich mitgemeint, soweit es für die Aussage erforderlich ist.

Empfehlung der Redaktion
Sie sind auf der Suche nach weiterführender Literatur? Dann empfehlen wir Ihnen den Titel »Deutschlands schönste Flussradwege« von Thorsten Brönner.

Bildnachweis: Alle Bilder des Innenteils stammen von Hans Zaglitsch, außer S. 124, 125, 126, 127, 128, 129 u. 188/189 (Christine Lendt).

Umschlagvorderseite: Der Elberadweg bei Bleckede
Umschlagrückseite: Blick auf Boizenburg

Die Deutsche Nationalbibliothek verzeichnet diese Publikation in der Deutschen Nationalbibliografie; detaillierte bibliografische Daten sind im Internet über http://dnb.d-nb.de abrufbar.

Infanteriestraße 11a
80797 München

ISBN 978-3-7343-0862-8

2 Hansestadt Werben

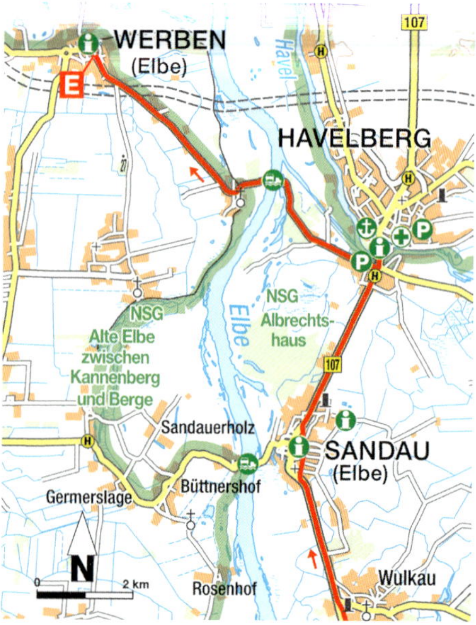

Touristeninformation

Werben
Marktplatz 1
39615 Werben (Elbe)
Tel. 039393/927 55
touristinfo-werben@t-online.de
www.werben-elbe.de

Havelberg
Uferstr. 1, 39539 Havelberg
Tel. 039387/790 91
www.havelberg.de

3 Hansestadt Havelberg

Wo Havel und Elbe zusammenfließen

Wer die linkselbische Route gewählt hat, sollte spätestens in Werben noch einmal umdrehen und das Ufer wechseln – dabei ist ein Bogen von circa sieben Kilometern in Kauf zu nehmen, der zunächst nach Räbel und von dort per Gierseilfähre nach Havelberg führt.

So oder so, die ehrwürdige Hansestadt am Zusammenfluss von Havel und Elbe lohnt sich allemal. Überaus reizvoll nimmt sich der Altstadtkern auf einer Elbinsel aus. Im Zentrum rund um das Rathaus laden einige Terrassencafés zur Rast ein. Über eine Stiege geht es hoch zum Dom St. Marien (12. Jahrhundert) und zum zugehörigen Kloster – von hier aus hat man einen tollen Ausblick über die Stadt.

Das Prignitz-Museum

Nebenan ist in den oberen Räumen der vollständig erhaltenen Klosteranlage das 1904 eröffnete Prignitz-Museum untergebracht. Eine Ausstellung im Kornspeicher, Bischofssaal und Schlafsaal erzählt viel Wissenswertes über die Geschichte des Havelberger Doms, der Stadt und ihrer Region. Auf dem Programm stehen außerdem Konzerte, Lesungen, Sonderausstellungen zu historischen Themen und zeitgenössischer Kunst sowie Themenführungen und Aktionen für Kinder. Darüber hinaus können Besucher Kostproben aus der Klosterküche probieren.

Links: Fachwerk in Havelberg
Rechts: In der Kirche und im Prignitz-Museum

Links: Der Kreuzgang im Havelberger Dom und Prachtstücke der Backsteingotik
Rechts: Schmucke Fassaden in Werben

Denkmal Burggrafenstein

Ein paar Schritte Richtung Westen steht der Burggrafenstein. Das Denkmal wurde am 17. Dezember 1912 im Beisein von Eitel Friedrich von Preußen eingeweiht. Anlass war der 500. Jahrestag des Einzugs des Burggrafen Friedrich von Nürnberg, des ersten Hohenzollern-Herrschers in der Mark Brandenburg. Außerdem sind auf dem Gelände zwei Statuen zu entdecken. Eine große Schautafel informiert über »Havelberg und das Bernsteinzimmer« – eine Legende, die das Städtchen bekannt machte. Die beiden Statuen stehen symbolisch für die Übergabe des Bernsteinzimmers durch den preußischen König Friedrich Wilhelm I. an den russischen Zaren Peter I. in Havelberg. Im Jahr 1716 besuchte der Zar tatsächlich die Stadt, um die »Konvention von Havelberg« zu unterzeichnen.

Die Hanse in der Region

Das Bistum Havelberg wurde erstmals im Jahr 946 oder 948 urkundlich erwähnt, da sind sich die

Historiker nicht ganz einig. Es zählt in jedem Fall zu den ältesten Bistümern östlich der Elbe und machte sich bereits ab 1358 als Hansestadt einen Namen, genauso wie das schräg gegenüberliegende Werben, Tangermünde und weitere Städte der Region, etwa Gardelegen, Salzwedel, Osterburg, Stendal und Seehausen. Im Rostocker Verzeichnis wird Havelberg von Beginn an als Mitglied der Hanse aufgeführt, den heutigen offiziellen Titel »Hansestadt Havelberg« trägt es jedoch erst seit 2008.

Ausstellung im Haus der Flüsse

Speziell für Elbe-Radwanderer ist das Haus der Flüsse besonders interessant. Eine interaktive Ausstellung widmet sich dort der Unteren Havel und dem Biosphärenreservat Mittelelbe. Nahe dem Stadtgraben, nordöstlich der Altstadtinsel, befindet sich ein kleiner Badestrand am Havelufer. Havelberg liegt obendrein an der Straße der Romanik und am Altmark-Radwanderkurs mit Verbindungswegen zur Elberoute.

Im Haus der Flüsse

Infos und Adressen

SEHENSWÜRDIGKEITEN

Dom zu Havelberg
Propsteiplatz 1, 39539 Havelberg
Tel. 039387/791 04
www.havelberg-dom.de

Kunst- und Kulturscheune Arneburg,
Breite Str. 15, 39596 Arneburg
Tel. 039321/5180, über die Öffnungszeiten informiert das Tourismusbüro

ÜBERNACHTEN

Pension Hönel-Hof
Familiär geführte Pension direkt am Sonnenuhrenweg, ebenerdige Zimmer, Frühstücksraum mit Blick zur Elbe und den Schrammsteinen, großer Garten. 15 Betten, ab 18 Euro pro Person.
F.-G.-Keller-Straße 15
01814 Bad Schandau/Krippen
Tel. 035028/85 96 00
www.badschandauweb.de

Links: **Links:** Immer am Fluss entlang und Prachtstücke der Backsteingotik entdecken!
Rechts: Auch auf Störche und stille Häfen trifft man hier.
Nächste Doppelseite: Idylle im Biosphärenreservat

sich Ziele wie das Europäische Storchendorf Rühstädt sowie die historischen Städte Lenzen, Wittenberge, Bad Wilsnack und Perleberg. Ein architektonisches Highlight ist die Plattenburg, die älteste Wasserburg Brandenburgs.

Im Urstromtal der Elbe

Das breite Urstromtal der Elbe markiert den in Mecklenburg liegenden Teil des länderübergreifenden Biosphärenreservats. Dessen Fläche wiederum reicht bis vor die Tore der Elbmetropole Hamburg. Davor verläuft es zwischen den Hafenstädten Boizenburg im Norden und Dömitz im Süden für 65 Kilometer entlang der Grenze zum Bundesland Niedersachsen. Im Norden grenzt es bei Lauenburg an Schleswig-Holstein und im Süden an Brandenburg. Weil große Teile des Gebiets jahrzehntelang abgeschieden an der innerdeutschen Grenze lagen, konnte sich hier eine weitgehend naturnahe Flussauenlandschaft entwickeln und erhalten. Die Szenerie prägen außer dem Elbstrom mit seinen Nebenflüssen und teils steilen Uferhängen unter anderem auch sandige Binnendünen.

… ensen … Hamburg … örigen Land- … erg und Lüneburg. … von Schnackenburg bis … ereint sich eine Flusslandschaft … sen, Altwassern und Auwaldresten, … n Talsandflächen und weiteren Binnendü- … n zu einem einzigartigen Naturraum. Auch Land- und Forstwirtschaft sowie ländliche Besiedlungen prägen das Gebiet.

Alte Flussarme und Auwälder

Charakteristisch für die auch im niedersächsischen Teil des Biosphärenreservats nahezu ursprüngliche Flusslandschaft sind markante und relativ große Überschwemmungsflächen. Feuchtwiesen, alte Flussarme und Auwälder bieten unterschiedlichste Lebensräume und abwechslungsreiche Eindrücke. Die Fauna umfasst allein schon rund 250 Vogelarten, zur Flora gehören unter anderem rund 1300 Arten von Gefäßpflanzen.

BRB-M 167

6 Storchendorf Rühstädt

Eine Kinderstube von Meister Adebar

Storchennester, oft von Menschenhand auf hohen Pfählen angelegt, sieht man häufiger am Elbe-Radweg. Eine Ortschaft aber übertrifft alles: Rühstädt, ungefähr auf halber Strecke zwischen der Hansestadt Havelberg und Wittenberg.

Links: Die vielen Nester sind nicht zu übersehen.
Rechts: Auch dieses Dorf prägte der Backstein.

Hinter Werben und Havelberg ruft die Route unterschiedlichste Gefühle hervor. Auf das Storchendorf Rühstädt und die Stadt Wittenberge mit ihren vielen Türmen folgt ein Gebiet, das an die Machenschaften im Bereich der ehemaligen innerdeutschen

Grenze erinnert – und zugleich mit einer Natur beeindruckt, die sich über Jahrzehnte nahezu ungestört entwickeln konnte.

Nester, wohin man schaut

Das große Hallo um die Störche machte das kleine Rühstädt über die Landesgrenzen hinaus bekannt. Im Jahr 1996 erhielt es von der Stiftung Europäisches Kulturerbe den Titel »Europäisches Storchendorf«. Denn die Ansiedlung am rechten Elbufer gilt als das storchenreichste Dorf Deutschlands. Fast auf jedem Dach, so scheint es, thront ein mit gefiederten Bewohnern besetzter Horst, insgesamt sind es mehr als 40 Nester. Alljährlich im Frühling reisen ungefähr 70 bis 80 Störche aus ihren Winterquartieren an, um sich in Rühstädt für die Brut niederzulassen. Der Babyboom bei den Störchen ist dem jahrzehntelangen Engagement der Einheimischen zu verdanken. So wurde im Jahr 1990 der Storchenclub Rühstädt als erster Fremdenverkehrsverein in der Prignitz gegründet. Seine Mitglieder setzten sich das Ziel, im Dorf und seiner Umgebung einen Lebensraum für die Tiere zu schaffen und zu bewahren. Entsprechende Aufklärungsarbeit wurde geleistet, begleitet von tatkräftigem Handeln.
Seither werden die Storchenhorste gepflegt und für die jeweilige Saison auf Vordermann gebracht. Der Club kümmert sich außerdem um verletzte Störche. Wenn dann im Juni die Jungstörche geschlüpft sind, klettern zumeist Ehrenamtliche hinauf zu den Nestern, um den Nachwuchs zu beringen. Auf Informationstafeln im Dorf, die bereits seit den 1980er-Jahren installiert werden, sind die jeweiligen Ankunftsdaten der Elternstörche sowie die Anzahl und Abflugdaten der Jungstörche abzulesen. Wer das Projekt unterstützen möchte – Spenden sind willkommen. Sie dienen zusammen mit den Mitgliedsbeiträgen dazu, dass der Storchenclub seine Arbeit leisten kann.

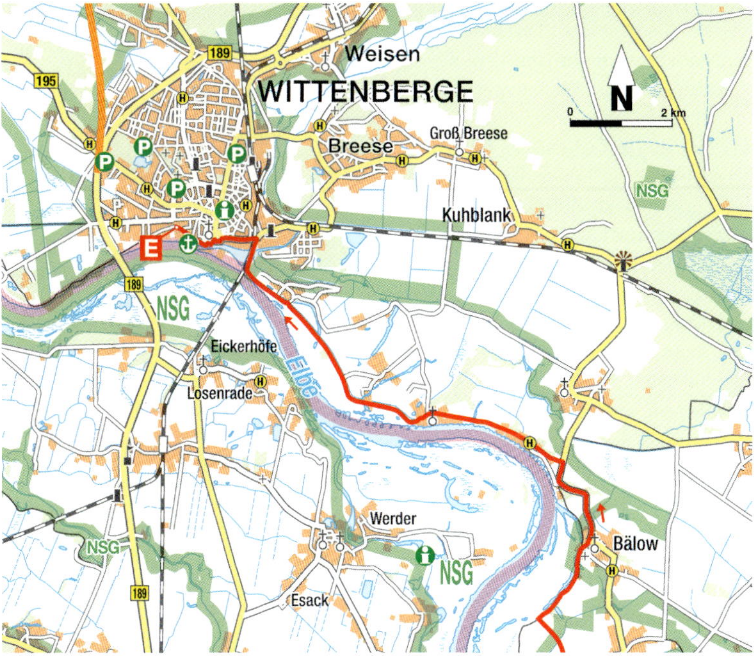
Weisen
WITTENBERGE
189
195
Breese
Groß Breese
Kuhblank
N
0
2 km
NSG
E
189
NSG
Eickerhöfe
Elbe
Losenrade
Werder
NSG
NSG
189
Esack
Bälow

Infozentrum im Storchenhaus

Besucher des Dorfes kommen in den Genuss einmaliger Anblicke und Fotomotive. Außerdem kann jeder im Infozentrum des Clubs, dem »Storchenhaus«, mehr über Meister Adebar und sein Leben erfahren. Neben einer kleinen Ausstellung gibt es aktuelle Informationen zur Nistsituation in Rühstädt und Antworten auf spezielle Fragen, u. a. nach dem Erhalt von Nahrungsgebieten oder der Sicherung von Hochspannungsleitungen. Auch Führungen durch den Ort werden angeboten. Am Ortsrand befindet sich außerdem ein Besucherzentrum des Naturschutzbundes mit der Ausstellung »Weltenbummler Adebar«. Auch hier gibt es Informationen sowie Ausflugstipps und einen Shop. Beide Einrichtungen bieten außerdem eine Live-Schaltung zum Storchenhorst an.

Auf dem Storchenbalkon

Ein besonders schöner Platz, um die Tiere zu beobachten, ist der »Storchenbalkon« mitten im Ort, nur wenige Schritte vom Schlosshotel entfernt. Der Balkon gehört zu einer Scheune, der Aufstieg ist kostenlos möglich. Von oben kann man den Störchen fast direkt in die Augen sehen. Neben dem Schlosshotel bietet sich ein Landgasthof mit Terrassencafé für eine Einkehr an. Das Lokal heißt – fast hätte man es erwartet – Storchenkrug. Alljährlich im Juli feiert das Dorf ein Storchenfest.

Links: Ein schmucker Fachwerkturm
Rechts: Oben: Das Infozentrum im Storchenhaus
Unten: Das Schloss Rühstädt

Oben: Auf diesem Bild erahnt man die Türme allenfalls.
Unten: Radfahrer finden sich hier gut zurecht.

7 Die »Turmstadt« Wittenberge

Eine Skyline mit vielen Spitzen

Inzwischen ist bereits das nächste mögliche Etappenziel mit vielfältigen Übernachtungsmöglichkeiten nahe gerückt. Im Endspurt geht es auf die schon weithin sichtbaren Türme Wittenberges zu, die »Prignitzstadt am Elbstrom« – nicht zu verwechseln mit der Lutherstadt Wittenberg am Elbe-Radweg in Sachsen-Anhalt.

Es lohnt sich, bis hierher am rechten Elbufer zu bleiben – ohnehin verläuft hier seit Werben/Havelberg die Hauptroute –, denn ungefähr drei Kilometer hinter Rühstädt steht kurz vor Bälow ein hölzerner Aussichtsturm am Radweg. Er bietet einen schönen Blick auf die Elbe und auf unter Naturschutz stehende Wiesenlandschaft.

Der Singer-Uhrenturm

In Wittenberge lässt es sich gut aushalten, etwa im Hafen, wo das Restaurant Kranhaus mit Terrasse und Blick auf die Boote direkt am Radweg liegt. Ein Highlight ist die alte Singer-Nähmaschinenfabrik, die gegen ein kleines Eintrittsgeld besichtigt werden kann. Im Fabrikturm ist eine Ausstellung zur Geschichte der bekannten Nähmaschinenfabrik untergebracht. Von noch weiter oben bietet sich ein schöner Rundblick. Den Singer-Uhrenturm ziert zudem die zweitgrößte Turmuhr Europas. Nahe der Fabrik steht eine alte Ölmühle, in der ein Kulturzentrum mit Hotel eingerichtet wurde.

Oben: Das Rathaus von Wittenberge, ein stolzes Bauwerk im Stil des Historismus
Unten: In der Nähmaschinenfabrik Singer

Links: Äußerst malerisch ist dieses Dorf – und viel Fachwerk gibt es auch. – Endlich angekommen!

Die vielen Türme sind ein Aushängeschild Wittenberges und verleihen der Stadt ihr eigenes Panorama. Vor allem die ausgesprochen unterschiedlichen Erscheinungsbilder der Türme machen es zu etwas Besonderem. Zum Ensemble gehören, neben dem Singer-Uhrenturm, der von Zinnen gekrönte Steintorturm, der Rathausturm mit seiner helmförmigen Kuppel, der »Bleistiftturm« der evangelischen Kirche, die 2012 sanierte Turmspitze der katholischen Kirche und der gedrungene Wasserturm. Weitere Baudenkmäler und Sehenswürdigkeiten sind unter anderem das Rathaus, das Haus der vier Jahreszeiten, das Kultur- und Festspielhaus, das Stadtmuseum Alte Burg und das Museum Historischer Lokschuppen.

Zwei reizvolle Elbufer

An der Brücke vor Wittenberge ist wieder eine Entscheidung fällig. Der Elbe-Radweg verläuft nun bis

zur Nordsee fast durchgängig an beiden Ufern, und beide haben ihre Reize. Nur rund um Hamburg konzentriert sich die Route auf das rechte Ufer. Wer möglichst viel sehen möchte, kann vielerorts per Brücke oder Fähre die Seite wechseln – oder auf der einen Seite hinfahren und auf der anderen zurück.

Linkselbisch liegen nun Schnackenburg mit dem Grenzlandmuseum, das beschauliche und leicht hügelige Wendland sowie die Fachwerkstädte Hitzacker und Bleckede auf dem Weg, bis bei Hoopte ein Übersetzen mit der Elbfähre erforderlich ist, um die Route Richtung Norden weiterradeln zu können. Wer gleich auf der rechten Seite bleibt, kommt durch Dömitz mit seiner schönen Festung, die sehenswerte Hafenstadt Lauenburg und Geesthacht.

Auf beiden Seiten ist der Radweg oft neben oder auf dem Deich angelegt, der zunehmend höher wird.

Oben: Schönes Biosphärenreservat Flusslandschaft Elbe
Nächste Doppelseite: Idyllische Elbauenlandschaft

VON WITTENBERGE BIS GORLEBEN

@WICHTIG

Länge der Etappe: ca. 55 km

Fahrradservice

Archäologisches Zentrum
Elbuferstr. 2–4, 29456 Hitzacker
Tel. 05862/6794
www.archaeo-zentrum.de
Parken an der Fahrradstation am Archäologischen Zentrum, mit WC, Duschen, Gepäckaufbewahrung und Café

Touristeninformation

Wittenberge
Paul-Lincke-Platz 1
19322 Wittenberge
Tel. 03877/92 91 81 und -82
touristinfo@kfh-wbge.de
www.wittenberge.de
ganzjährig Mo–Fr 9–17 Uhr,
Mai–Sept. Sa 10–16 Uhr,
Okt.–Apr. Sa 10–12Uhr

8 Schnackenburg

Grenzlandmuseum mit Begegnungsstätte

Am linken Ufer zieht sich die Route zunächst in einigen Windungen durch die Altmark und abseits des Flusses, bis sie in Schnackenburg wieder auf die Elbe trifft. Wenige Kilometer zuvor passiert man die Gedenk- und Begegnungsstätte Stresow, die sich auf dem Gebiet der ehemaligen innerdeutschen Grenze befindet – die Elbe bildete hier den Grenzfluss.

Dargestellt sind dort die ehemaligen Grenzbefestigungsanlagen der DDR in Originalgröße: der Grenz-, Signal- und Sperrzaun, ein Beobachtungsbunker, ein Kolonnenweg, Lichttrassen, eine Sprechsäule mit Grenzmeldenetz und ein Kraftfahrzeugsperrgraben.

Geschichten der Zwangsaussiedlung

Die Gedenk- und Begegnungsstätte Stresow gehört zum Grenzlandmuseum Schnackenburg. Sie erinnert an die wohl dunkelste Zeit, die das Dorf Stresow erleben musste: Weil es im sogenannten »Schutzstreifen« des Grenzgebiets der DDR lag,

Schnackenburg ist ein beliebtes Etappenziel. Auch hier gibt es reichlich Fachwerk.

Links: Die ehemalige Teilung ist nicht zu übersehen.
Rechts: Das Dörfchen bietet aber auch noch andere Eindrücke.
Nächste Doppelseite: Im Grenzlandmuseum

wurden sämtliche Häuser im Zuge der von 1972 bis 1974 durchgeführten Aktion »Ungeziefer« abgerissen. Die zuvor zwangsausgesiedelten Bewohner hatten quasi über Nacht ihr Zuhause verloren. Vier Familien konnten gerade noch in den Westen fliehen.

Die Auswirkungen der Lage an der deutsch-deutschen Grenze bekam Schnackenburg, die kleinste Stadt Niedersachsens, besonders deutlich zu spüren. Heute informiert dort das Grenzlandmuseum über die Hintergründe. Zur Ausstellung gehören unter anderem Uniformen und Ausrüstung der DDR-Grenztruppen sowie der bis 1990 im westdeutschen Grenzgebiet eingesetzten Zöllner und Beamten des Bundesgrenzschutzes.

Der Grenz- und Naturlehrpfad

Ein zehn Kilometer langer Grenz- und Naturlehrpfad führt von Schnackenburg bis Gartow und verbindet die Ortschaften auch mit der Gedenk- und Begegnungsstätte Stresow. Er folgt dabei teilweise dem einstigen Kolonnenweg der DDR-Grenztruppen sowie verschiedenen Grenzüberwachungs- und Sicherungsanlagen der ehemaligen DDR. Zu sehen sind noch der Minengürtel, ein Grenzwachturm, Grenzpfähle und die damalige Grenzübergangsstelle Kapern-Bömenzien. Schautafeln berichten außerdem über die Lebensräume der Tier- und Pflanzenwelt, die sich hier in einer seltenen Fülle entwickeln konnte: Für die fast 50 Jahre DDR-Zeit war sie in diesem Bereich sich selbst überlassen. Informationen gibt es unter www.natur-erleben.niedersachsen.de.

9 Naturpark Elbhöhen-Wendland

Protestsymbole und Biosphäre

Diese Teilstrecke führt am niedersächsischen Elbufer entlang durch das Biosphärenreservat und den Naturpark Elbhöhen-Wendland. Immer wieder laden Aussichtstürme dazu ein, das Rad abzustellen und das Panorama auf sich wirken zu lassen. Am anderen Ufer locken die Festungsstadt Dömitz und Besonderheiten wie riesige Binnenwanderdünen.

Wer sich ab Schnackenburg weiterhin für das rechte Elbufer entschieden hat, kommt nahe der Fährstation an einem ehemaligen DDR-Grenzturm vorbei, der direkt am Radweg steht. Er kann bestiegen werden und bietet einen bemerkenswerten Rundblick.

Links: Die Plätze am Wasser sind begehrt.
Rechts: Auch führt die Route oft direkt am Fluss entlang.

Das »X« in Gorleben

Zur Samtgemeinde Gartow gehört auch die Gemeinde Gorleben im Landkreis Lüchow-Dannenberg. Sie ist vor allem durch ihr Atommülllager, die Castortransporte und die damit einhergehenden Proteste bekannt. So sieht man in der Region häufig das Widerstandssymbol, ein gelbes »X«, und andere von der Bevölkerung geschaffene Sinnbilder des Protests. Der Ort mit dem unscheinbareren Namen »Brennelementlager« befindet sich zwei Kilometer südlich der Ortschaft.

Insgesamt gibt es in Gorleben vier Anlagen zur Lagerung und Weiterbehandlung von radioaktivem Abfall, die teils (noch) nicht in Betrieb sind. Seit 1989 findet sonntags um 14 Uhr im Wald bei Gorleben das Gorlebener Gebet statt. Die ökumenische Initiative entstand im Zusammenhang mit dem Zwischenlager Gorleben. Die Teilnehmer der Andacht bitten um »Einsicht, damit der Salzstock Gorleben kein Atommülllager wird«, denn vom Tisch ist das Thema Endlager keineswegs.

Touristeninformation

Touristeninformation Gartow
Springstr. 14, 29471 Gartow
Tel. 05846/333
touristinfo@gartow.de
www.gartow-erleben.de

Kur- & Tourismusinformation Hitzacker
Am Markt 7, 29456 Hitzacker
Tel. 05862/96 970
touristinfo@hitzacker.de
www.elbtalaue-wendland.de
Apr.–Okt. Mo–Fr 9–17,
Sa 10–13 Uhr,
Mai–Sept. Mo–Fr 9.30–18.30,
Sa/Feiertag 10–15 Uhr,
Nov.–März Mo–Fr 9–15 Uhr

Eine zurückkehrende Natur

Gorleben selbst liegt landschaftlich reizvoll direkt am Elbufer. In östlicher, nördlicher und nordwestlicher Richtung dehnt sich die geschützte Natur des Biosphärenreservats Niedersächsische Elbtalaue aus. Mit viel Engagement werden hier seltene Tierarten wieder angesiedelt und neue Lebensräume geschaffen. Greifvögel wie Seeadler und Rotmilane sind zu beobachten, in den Elbwiesen überwintern unter anderem nordische Wildgänse und Singschwäne. Im Sommer brüten auch hier die Störche. In dem Gebiet mit seinen zahlreichen Seen, Brackwasserzonen und Tümpeln sind unter anderem auch Libellen, Frösche und Graureiher heimisch.

Kiefernwald »Gartower Tannen«

Links: Mit der Fähre und vorbei an Feldern
Rechts: Manchmal hat man die Fähre fast ganz für sich.

Im Süden Gorlebens erstreckt sich der Kiefernwald der »Gartower Tannen«, der größte zusammenhängende Privatwald in Deutschland, dessen Eigentümer Graf Bernstorff zu Gartow ist. Die Region prägt außerdem der 1160 Quadratkilometer große Naturpark Elbhöhen-Wendland mit den charakteristischen Rundlingsdörfern, einer jahrhundertealten slawischen Siedlungsform, und sympathischen Fachwerkhäusern. Der Naturpark umfasst die Elbhöhen, den Göhrde-Drawehn-Höhenzug und die Nemitzer Heide.

Infos und Adressen

SEHENSWÜRDIGKEITEN

Naturpark Elbhöhen-Wendland
www.naturpark-elbhoehen-wendland.de

Museum Festung Dömitz
Auf der Festung 3, 19303 Dömitz
Tel. 038758/224 01
museum-doemitz@t-online.de
www.festung-doemitz-museum.de

Zollhaus Hitzacker
Zollstr. 2, 29456 Hitzacker · Tel. 05862/88 38
www.museum-hitzacker.de · Di–So 10–17 Uhr

ÜBERNACHTEN/ESSEN UND TRINKEN

Hotel-Restaurant Waldfrieden
Weinbergsweg 25, 29456 Hitzacker
Tel. 05862/967 20 · post@hotel-waldfrieden.info · www.hotel-waldfrieden.info

In Gartow kann man wahrlich Wasser erleben. Auch bieten sich Plätze im Grünen für eine Rast an.

10 Gartow

»Wasser erleben« und vieles mehr

Am linken Elbufer geht es auf Zickzackkurs durch das Wendland nach Gartow mit einer prächtig ausgestatteten Barockkirche und einem Schloss, das immerhin von außen zu besichtigen ist.

Die kleine Ortschaft liegt am westlichen Ufer der Seege, einem Elbzufluss, der sich nördlich von Gartow zu einem künstlich aufgestauten See ausweitet. Hier gibt es einen kleinen Strand mit Badebereich.

Um den See führt ein 2,6 Kilometer langer Biberlehrpfad, der auf acht Tafeln über das Leben des größten Nagetiers Europas informiert.

Wassererlebnispark Gartow

Erfrischend ist auch ein Besuch im Wassererlebnispark Gartow direkt beim Campingplatz. Hier können Besucher ausprobieren, was man mit Wasser alles anstellen kann, und mehr über seine Bedeutung erfahren – besonders schön, wenn Kinder mit dabei sind. Zum Aufwärmen bei kühlem Wetter lädt die Wendlandtherme ein. In und um Gartow besteht außerdem die Möglichkeit, auf der »Route der alten Obstsorten« einige Natur- und Obstgärten zu besuchen.

Vom Gartower See an rückt zunehmend wieder die Elbe ins Sichtfeld. Nach ungefähr vier weiteren Kilometern am Ufer angelangt, animiert der Aussichtsturm Höhbeck zu einem grandiosen Weitblick über die Elbauen. Er steht an der

Die Kirche gefällt von außen ... wie von innnen.

FREUD & LEID

KANUSTATION GARTOW
Wer einmal paddeln statt in die Pedale treten möchte, kann einen besonderen Service der Kanustation Gartow nutzen und für einige Kilometer die Tour direkt auf die Elbe verlegen. Das Team nimmt die Fahrräder am Elbufer entgegen, dafür gibt es ein ausgerüstetes Boot für eine Etappe auf dem Wasser – »auf Augenhöhe mit den Bibern«, so verspricht es der Anbieter. Am Etappenziel wird dann wieder getauscht, und die Tour kann mit festem Boden unter den Rädern fortgesetzt werden. Die Bootsfahrt ist ein besonderes Erlebnis auf dem naturnahen Abschnitt zwischen Wittenberge und Hitzacker, führt vorbei an Auwäldern und kleinen Sandstränden. Je nach Kondition sind zehn bis vierzig Kilometer pro Tag realistisch – das Ziel wird nach individueller Absprache festgelegt. Informationen gibt es unter www.kanustation-gartow.de

Schmucke Fassade des Schlosses Gartow
Nächste Doppelseite: Landwirtschaft bis ans Elbufer prägt diese Landschaft.

Schwedenschanze, einer ehemaligen Wallanlage aus dem 8. bis 9. Jahrhundert, auf dem 76 Meter hohen Höhbeck.

Kurs auf Dömitz

Durch die Landschaften des Biosphärenreservats, die Elbe als stete Begleiterin, radelt es sich auf asphaltierter Strecke fast wie von selbst, wobei es abschnittweise auch direkt an der Straße entlanggeht. Der alternative Weg am rechten Ufer hingegen ist bis Dömitz nicht asphaltiert.
Nach einem weiteren lohnenswerten Aussichtsturm hinter Grippel und einigen Kilometern durch Felder und Wiesen sollte man, auch wenn sie laut ist, die Möglichkeit nutzen, über die Brücke der Bundesstraße 191 ans rechte Elbufer zu gelangen. Denn unmittelbar dort liegt Dömitz mit seiner sehenswerten Burganlage.

LENZEN
(Elbe)
Gandow
Mödlich
Lenzerwische
NSG
Elbe
195
Rosendorf
N
S
G
Wootz
Höhbeck
43
E
Gorleben
Meetschow
Gartow
493
Nienwalde
21
493
N
0
2 km

VON GORLEBEN BIS BLECKEDE

@WICHTIG

Länge der Etappe:
ca. 65 km

Fahrradservice

Archäologisches Zentrum
Elbuferstr. 2–4, 29456 Hitzacker
Tel. 05862/67 94
www.archaeo-zentrum.de
Parken an der Fahrradstation am Archäologischen Zentrum, mit WC, Duschen, Gepäckaufbewahrung und Café

Touristeninformation
www.bleckede-tourismus.de

Oben: Heute verbindet eine Brücke das ehemals geteilte Land bei Dömitz.
Nächste Doppelseite: Auenlandschaft bei Dömitz

11 Dömitz

Flachlandfestung und Riesendünen

Das 3000-Einwohner-Städtchen liegt an der Mündung der Müritz-Elde-Wasserstraße in die Elbe. Außerdem befindet es sich im Dreiländereck von Niedersachsen, Mecklenburg-Vorpommern und Brandenburg. Es wartet gleich mit zwei Besonderheiten auf – einem Bauwerk und einer Naturschönheit.

11 Dömitz

Am mecklenburgischen Elbufer blieb in Dömitz eine der letzten norddeutschen Flachlandfestungen des 16. Jahrhunderts erhalten. Die Anlage beschreibt die Form eines Fünfecks mit Bastionen. Sie heißen Kavalier, Held, Drache, Greif und Burg.

Eine strategisch günstige Lage

Errichtet wurde die imposante Festungsanlage ab 1559 durch den mecklenburgischen Herzog Johann Albrecht I. mit dem Ziel, die Südwestgrenze Mecklenburgs und die Elbübergänge zu sichern. Dazu hatte der Adlige in der Nähe sogar eigens eine Ziegelei errichten lassen. Weil es im Umland an Arbeitskräften mangelte, forderte er Maurer aus Italien an. Auch der für die Planung der kompletten Anlage zuständige Baumeister Francesco a Bornau kam von dort.
Nach nur sechs Jahren Bauzeit war die Festung fertig. Sie diente im Dreißigjährigen Krieg (1618–1648) mit ihrer strategisch günstigen Lage als Stützpunkt für wechselnde Parteien – darunter auch die berühmten Feldherren Johann T'Serclaes Graf von Tilly und Albrecht Wenzel Eusebius von Waldstein,

Oben: Die Kirche in prachtvollem Backstein
Mitte: Die Stadtbefestigung
Unten: Das Rathaus in Dömitz.

Links: Am Hafen
Unten: Ausstellung in der Stadtbefestigung

besser bekannt als Wallenstein. Während der Schlacht bei Dömitz wurde 1635 der gesamte Ort in Schutt und Asche gelegt. Die Stadt war spätestens ab Mitte des 17. Jahrhunderts von einer Wallanlage mit davor liegendem Wassergraben umgeben. Seit 1705 diente die Festung auch als Irrenhaus und Gefängnis. Inzwischen mehrfach verändert, konnte sie als eine der letzten norddeutschen Flachlandfestungen des 16. Jahrhunderts erhalten werden.
Heute beherbergt das Besuchern offen stehende Bauwerk auch ein Museum. In der Ausstellung erfahren Besucher alles über die Geschichte der Festung und der Stadt Dömitz. Weitere Bereiche widmen sich dem Thema Elbschifffahrt.

Ein Anblick fast wie am Meer

Im zu Dömitz gehörenden südlichen Ortsteil Klein Schmölen zeigt das Biosphärenreservat Flusslandschaft Elbe-Mecklenburg-Vorpommern – das hier ebenfalls angrenzt – eine landschaftliche Besonderheit. Bis zu 30 Meter hohe Sanddünen, wie man sie eher am Meer erwarten würde, liegen hier mitten im Binnenland. Von einem benachbarten Parkplatz aus leitet ein Rundwanderweg durch das Gebiet, in dem seltene Tier- und Pflanzenarten angesiedelt sind. Bei Gaarz gewährt ein Aussichtsturm weite Blicke in die Umgebung.
An dieser Stelle noch ein besonderer Tipp: Schon von Weitem ist vom Radweg aus ein Hotel mit Panoramacafé am Dömitzer Hafen zu sehen. Dort geht es mit dem Lift bis in den sechsten Stock, wo sich bei Kaffee und Kuchen ein fantastischer Rundblick eröffnet.

Panoramablick vom Hotel

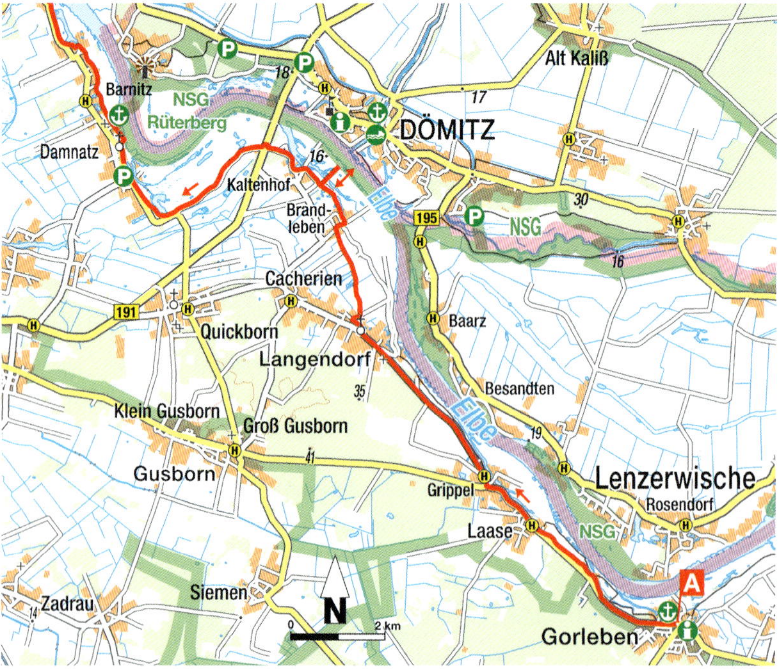

12 Hitzacker

Fachwerkidyll mit Zollmuseum

Für die letzten Kilometer bis Hitzacker, sofern es denn das Teiletappenziel sein soll, bieten sich beide Elbufer an. Der Radweg folgt dem Fluss jeweils meist unmittelbar. Am linken Ufer lässt sich ein Ausflug landeinwärts nach Dannenberg einbauen, wo sich unter anderem die Infostelle des Biosphärenreservats befindet.

In Hitzacker verbindet wieder eine Fähre beide Ufer. Das zur Deutschen Fachwerkstraße gehörende

Städtchen ist ein »Muss«. In der malerisch auf einer Insel inmitten der Jeetzel gelegenen Altstadt, mündet der Fluss hier in die Elbe und bildet am östlichen Ortsrand den Hitzackersee. Obendrein befindet sich bei Hitzacker einer der nördlichsten Weinberge Deutschland – seit 1983 baut man hier wieder Reben an.

Im Zollhaus

Viele der giebelständigen Häuser auf der Stadtinsel zieren Erker, Ausluchten und schmucke Fassadengestaltungen. Eines der ältesten ist das 1589 errichtete Zollhaus. Hier verwaltete der Zöllner die Elbzölle für die Celler Linie des Welfen-Hauses. Ein Museum informiert über die Vergangenheit des

Hitzacker ist für sein Fachwerkidyll bekannt, auch Einkehrmöglichkeiten gibt es.

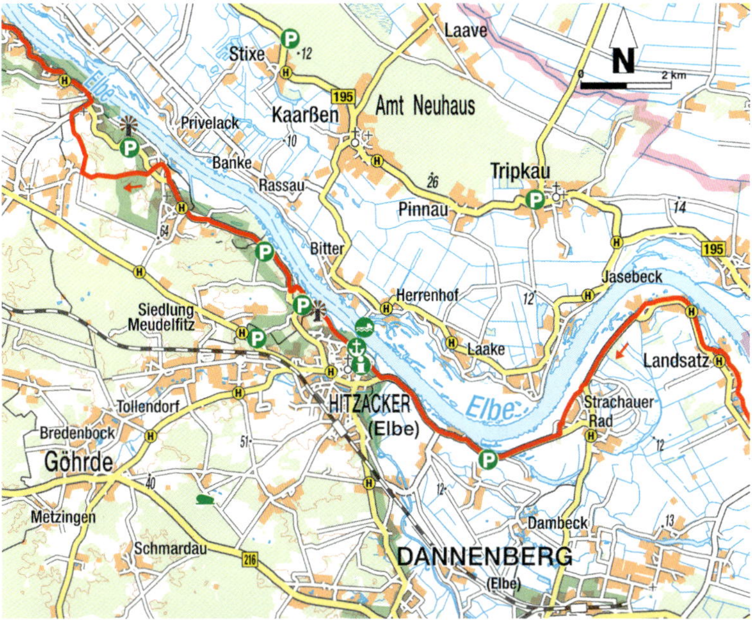
Laave
N
0
2 km
Stixe
12
195
Amt Neuhaus
Kaarßen
Privelack
10
Banke
Rassau
26
Tripkau
Pinnau
14
Elbe
64
Bitter
195
Jasebeck
Herrenhof
12
Siedlung
Meudelfitz
Laake
Landsatz
Tollendorf
HITZACKER
(Elbe)
Elbe
Strachauer
Rad
Bredenbock
51
12
Göhrde
40
12
Metzingen
Dambeck
13
Schmardau
216
DANNENBERG
(Elbe)

Zollhauses und des auch von Hochwassern bedrohten Städtchens. Ein Teil der Ausstellung widmet sich der Geschichte des Raubritters Riebe auf der Weinbergburg, ein weiterer berichtet davon, was die innerdeutsche Grenze für die hier lebenden Menschen bedeutete. Auch über Schiffbau, Schifffahrt und Wasserbau erfährt man einiges.

Ein Blickfang ist das »Bücherrad«, der Nachbau einer Lesemaschine des Welfen-Herzogs August des Jüngeren, der von 1604 bis 1634 in Hitzacker residierte. Ein ähnliches Bücherrad hatte der Ingenieur Agostino Ramelli bereits im 16. Jahrhundert in seinem Buch *Le diverse et artificiose machine* beschrieben. Er gilt daher als Erfinder des Bücherrads, wobei sich seine (wohl nur auf Bildern dargestellte) Konstruktion deutlich von der herzoglichen unterscheidet.

Im Archäologischen Zentrum

Das Archäologische Zentrum ermöglicht mittels experimenteller Archäologie eine Zeitreise in die Bronzezeit und punktet mit einem besonderen Service für Radfahrer: Hier kann man sein Gefährt samt Gepäck unterbringen und sogar duschen.

FREUD & LEID

AUSSICHT MIT DUNKLER VERGANGENHEIT

Beim Hotel-Restaurant Waldfrieden befindet sich ein Aussichtspunkt mit eigentümlicher Geschichte, zu DDR-Zeiten galt er als Hotspot: Ganze Reisebusse mit Westdeutschen reisten an, um mal einen Blick nach »drüben« zu werfen. Dem linken Elbufer weiter folgend, liegt ein Damwildgehege am Weg und dann, nach rund acht Kilometern bei Drethem, wiederum ein Aussichtsturm mit zauberhaftem Blick auf die Elbauen.

Links: Ein ziegelrotes Häusermeer
Rechts: Fotogene Straßenzüge und die Kirche von innen

Oben: Das Städtchen säumt den Fluss.
Unten: Entspanntes Radeln

13 Rund um Boizenburg

Faszinierende Eindrücke an beiden Ufern

Wahlweise geht es über die Elbhöhen oder durch flache Auenlandschaften, mal nach Mecklenburg-Vorpommern, dann wieder nach Niedersachsen und schließlich nach Schleswig-Holstein. Auf diesen insgesamt 55 Kilometern lohnt es sich besonders, ab und zu das Ufer zu wechseln.

Am linken Ufer beginnt kurz hinter Hitzacker (ab Tießau) einer der wenigen steigungsintensiven Abschnitte des Elbe-Radwegs. Er verläuft hier teils auf den Elbhöhen, die gewaltige Gletscher in den letzten beiden Eiszeiten geformt haben. Wer genügend Kondition mitbringt, wird sich über die landschaftliche

Touristeninformation

Boizenburg
Markt 1, 19258 Boizenburg
Tel. 038847/626 66
stadtinfo@boizenburg.de
www.boizenburg.de

Abwechslung freuen, andere bevorzugen vielleicht lieber das flache rechte Ufer – es bietet dafür einen interessanten Blick auf das westliche Ufer mit den Elbhöhen.

Eine besondere Wallanlage

In Bleckede ist wieder ein Uferwechsel per Fähre möglich – eine gute Idee, denn so führt der Radweg durch die schönen Elbauen direkt ins mecklenburgische Boizenburg (wo es keine Fährverbindung gibt). Dort schweift der Blick zunächst in den Hafen, bevor der Weg an der Altstadt vorbeiführt.

Das historische Zentrum Boizenburgs ist von einer mit Bäumen bewachsenen Wallanlage umgeben, die im 12. Jahrhundert angelegt wurde. Zu beiden Seiten des Walls, auf dem ein Spazierweg angelegt ist, liegen Wassergräben. Rund 40 Brücken verbinden den Wall mit dem Ensemble aus Fachwerkhäusern am inneren Wallgraben. Noch im Hafenbereich und unmittelbar

Oben: Fachwerk trifft auf Backstein.
Unten: Die Orientierung fällt leicht.

VON BLECKEDE BIS STOVE / HAMBURG

(LINKS- ODER RECHTSELBISCH)

@WICHTIG

Länge der Etappe:
ca. 50 km

Fahrradservice

Archäologisches Zentrum
Elbuferstr. 2–4, 29456 Hitzacker
Tel. 05862/6794
www.archaeo-zentrum.de
Parken an der Fahrradstation am Archäologischen Zentrum, mit WC, Duschen, Gepäckaufbewahrung und Café

Touristeninformation
www.bleckede-tourismus.de

Oben: In Bleckede
Unten: Eine malerische Einkehrmöglichkeit
Vorherige Doppelseite: Lauenburg an der Elbe

14 Auf nach Bleckede

Biosphärium mit Bibern

Am Weg liegt auch das bereits zu Bleckede gehörende Alt Garge. Kurz darauf im Zentrum des Hauptorts angekommen, sollte man diesem unbedingt etwas Zeit schenken. Neben vielen ansehnlich restaurierten Fachwerkhäusern sind besondere Gebäude wie das Ackerbürgerhaus und das Amtsgericht von außen zu bewundern.

Auf dem Weg nach Bleckede lassen sich, nach einem Wechsel auf das linke Elbufer, einige Steigungen umgehen. Denn schon ab Neu Darchau, der nächsten größeren Ortschaft auf der Seite, geht es

auch hier weitgehend entspannt weiter, ohne recht oft in niedrige Gänge schalten zu müssen – und es gibt dort eine Fähre.
Lediglich vor Alt Garge, das nach rund fünf Kilometern an einem kleinen Seitenarm der Elbe liegt, ist noch einmal ordentlich strampeln angesagt. Dafür kann man sich im Waldbad erfrischen. In Alt Garge geht es auch um ein ernstes Thema. Hier befanden sich am Ende des Zweiten Weltkriegs ein KZ-Außen- und ein Arbeitslager. Nur ein Stein mit einer Gedenktafel unter Bäumen erinnert noch daran.

Das Erlebniszentrum des Biosphärenreservats

Etwas ganz Besonderes wartet im Schloss von Bleckede: Hier ist das »Biosphaerium Elbtalaue« untergebracht, ein Erlebniszentrum zu den Besonderheiten des Biosphärenreservats Niedersächsische Elbtalaue. Auf mehr als 1000 Quadratmetern bietet die multimediale Ausstellung beispielsweise ein Vogelstimmenklavier, ein Überflutungsmodell, einen Papierfliegertisch, eine Aquarienlandschaft mit Elbebewohnern wie Aal oder Zander, lebensgroße Tierdarstellungen und vieles mehr. Besucher können auch den Vogelzug der Gänse in die Elbtalaue begleiten, live in ein Storchennest schauen und an vielen Stationen sogar selbst aktiv werden. Auf dem Freigelände gibt es auch einen Aussichtsturm. Im Erlebniszentrum ist zudem die Touristeninformation mit Zimmervermittlung zu finden. In einem Shop lassen sich die Fahrradpacktaschen mit Produkten aus der Region Bleckede und anderen Mitbringseln füllen.

Biber-Watching

Wer auf der Tour noch keine Biber erleben konnte, hat nun im Infozentrum Biosphaerium Elbtalaue in Bleckede die Gelegenheit dazu: Auf dem

Oben: Das Amtsgericht in Bleckede
Mitte: Im Biosphärium
Unten: Liebevoll restauriertes Fachwerk

FREUD & LEID

FAHRRADDRAISINE

Wer einmal auf ganz andere Weise in die Pedale treten möchte, sollte sich die Fahrraddraisine nicht entgehen lassen: Auf 13 Gleiskilometern einer ehemaligen Bahnstrecke geht es damit durch die Elbauen. Betreiber ist die IG Draisine Bleckede e.V. Alle Infos unter: www.ig-draisine-elbtalaue.de

Freigelände wurden ein Biberbau errichtet und zwei Biber angesiedelt, die durch eine Glasscheibe zu beobachten sind.

So erlebt man »Meister Bokert«, wie der Elbe-Biber auch genannt wird, beim direkten Blick in den Biberkessel oder auch beim Schwimmen und bei Bauarbeiten in seinem Revier.

Links: Schmucke Details: Alte Brauerei und vor dem Rathaus
Oben: Nahezu naturbelassene Elbauen
Nächste Doppelseite: Eine Fähre verbindet hier beide Elbufer.

Saeco

10,68
Deichhöhe
1855
9,89
2013
1876
9,43
9,33
1895
2011
9,08
1940
2006
1920
8,92
8,84
1947, 1975
8,76
1987
Sommerflut 2002
8,61
1941
8,29
1946
1926
8,10
8,04
7,97
1954
1956, 1958
Nullpunkt Amsterdam = Pegel 0 Hohnstorf
7,46
1980
Hochwasserstände über N.N.
7,21
1955, 1966

15 Lauenburg

Hier lebten viele Elbschiffer

Von Boizenburg ist es nicht mehr weit ins gemütliche Lauenburg. Auf den rund sieben Kilometern entlang der Bundesstraße sind allerdings auch einige Steigungen zu bewältigen. Mit einem tollen Panorama geht es dann in die 800 Jahre alte Schifferstadt.

Auch wenn die Reifen nun schon bald über Kopfsteinpflaster holpern, die Altstadt mit ihren eng beieinander stehenden, roten und oft schiefen Fachwerkhäusern macht sofort gute Laune. Die Häuser stammen vom 16. bis zum 19. Jahrhundert. Besonders erwähnenswert sind das Alte Kaufmannshaus und das 1573 errichtete Mensing'sche Haus. Letzteres gilt als das älteste Haus Lauenburgs. Noch älter ist die Maria-Magdalenen-Kirche; sie wurde bereits 1227 errichtet. Mitten durch die Altstadt führt

Links: Minimale Pegelstände für verschiedene Schiffsgrößen
Rechts: Oben: Bummel durch den Stadtkern
Unten: Denkmalgeschützte Fachwerkhäuser direkt an der Elbe

Touristeninformation

Bleckede im Biosphaerium Elbtalaue (s. Sehenswürdigkeiten)

Lauenburg
Elbstr. 59, 21481 Lauenburg
Tel. 04153/590 92 20
touristik@lauenburg.de
www.lauenburg-elbe.de
März–Okt. Mo–Fr 10–17 Uhr,
Sa, So u. Feiertage 13–16 Uhr,
Nov.–Feb. Mo–Fr 10–16.30 Uhr

die Elbstraße, links laden Restaurants zur Einkehr mit Elbblick ein, denn hinter der Häuserfront verbergen sich einige Terrassen. In Haus Nummer 59 ist das Elbschifffahrtsmuseum untergebracht. Hier lässt sich die Entwicklung der Elbschifffahrt vom Einbaum bis zum Tankschiff auf eindrucksvolle Weise nachvollziehen. Zu sehen sind Originalexponate und Modelle sowie noch funktionstüchtige Dampfmaschinen.

Residenz der Herzöge

Über der Altstadt sind die noch erhaltenen Gebäudeteile der Schlossanlage, einst Residenz der Herzöge Sachsen-Lauenburg, zu sehen. Es ist nicht mehr allzu viel übrig, denn vieles wurde 1616 bei einem großen Brand zerstört. Außer einem Gebäudeflügel, in dem heute die Stadtverwaltung ihren Sitz hat, steht noch der Schlossturm aus dem Jahr 1477, der zu besichtigen ist. In seinem Inneren befinden sich die ehemaligen Gefängniszellen. Auch lohnt sich die Fernsicht, die sich von der Schlossanlage aus über die Elbe und das Dreiländereck Schleswig-Holstein, Niedersachsen und Mecklenburg-Vorpommern bietet. Zum Schloss gehört auch ein barocker Fürstengarten, nach böhmischem Vorbild gestaltet von Herzog Julius Heinrich.

Die Palmschleuse

Am rechten Elbufer verbirgt sich kurz vor Lauenburg ein besonderes Wasserbauwerk. Die (inzwischen stillgelegte) Palmschleuse erinnert an die Zeiten des Stecknitzkanals vom Ende des 14. Jahrhunderts. Es war der erste Wasserscheidenkanal in Europa, der Elbe und Ostsee verband. Dies ist damit eine der ältesten Kammerschleusen. Nun steht man plötzlich in Schleswig-Holstein, denn Lauenburg ist die südlichste Stadt des Bundeslands. Der Elbe-Radweg führt von hier aus direkt durch das historische Zentrum.

Links: Hier lohnt sich ein Blick für das Kleine.
Rechts: Im Elbschifffahrts-museum und in der historischen Windmühle

Links: Oben: Eine grüne Umgebung; Mitte: Der Raddampfer Kaiser Wilhelm; Unten: Lokale reihen sich am Elbufer
Rechts: Am Elbschifffahrtsmuseum in Lauenburg

Naturschutzgebiet Hohes Elbufer

Nach Lauenburg liegt schon bald die nächste Stadt am rechten Elbufer: Gerade einmal 18 Kilometer sind es bis Geesthacht. Es fühlt sich allerdings länger an, denn anders als auf der Strecke vor Lauenburg ist es nun diese Elbseite, die Kondition erfordert: Das Naturschutzgebiet Hohes Elbufer macht seinem Namen alle Ehre, und an sich wäre hier eher ein Mountainbike erforderlich, so naturbelassen ist die Strecke. Dafür entschädigt der Blick durch das Baumgrün auf die Elbe und ihre Marschenlandschaft. Wenige Kilometer hinter Lauenburg liegt Scharnebeck mit seinem eindrucksvollen Schiffshebewerk nahe dem Elbe-Radweg, es ist nur ein kurzer Umweg über Landstraßen.
Vom linken Ufer aus – noch in Lauenburg ist es über die Straßenbrücke zu erreichen – kann man sich die dicht bewaldeten Hügel völlig unangestrengt ansehen, während die einzige Steigung da und dort nur für wenige Meter auf den Deich führt, der teils aber auch den Blick auf die Elbe verwehrt.

Infos und Adressen

SEHENSWÜRDIGKEITEN

Biosphaerium Elbtalaue Bleckede
Schlossstr. 10, 21354 Bleckede · Tel. 05852/951 40
info@biosphaerium.de · www.biosphaerium.de
ganzjährig, im Sommer tgl. außer Mo 10–18, im Winter Mi–So 10–17 Uhr

Erstes Deutsches Elbschifffahrtsmuseum und Touristeninformation Lauenburg
Amtsplatz 4, 21481 Lauenburg
Tel. 04153/51 251 · touristik@lauenburg.de
www.raddampfer-kaiser-wilhelm.de

ESSEN UND TRINKEN

Brauhaus Bleckede
Breite Str. 20, 21354 Bleckede
Tel. 05852/511
info@brauerei-bleckede.de
www.brauerei-bleckede.de
zentral im Ort gelegen, mit eigenem Bier und schattigem Innenhof

Café Zeittraum
Breite Str. 15, 21354 Bleckede
Tel. 05852/39 00 76 · zeittraum@t-online.de
www.cafe-zeittraum.de; urige Einkehr in altem Fachwerkhaus mit Innenhof

16 Zwei Wege nach Geesthacht

Viel Technik am rechten Elbufer

Am linken Elbufer geht es nun beschaulich durch die Elbmarschen, vorbei an Rotklinker-Dörfern, dem einen oder anderen Ausflugslokal und schließlich dem Campingplatz Stove, der auch über einen kleinen Supermarkt verfügt.

Links: Oben: Ein Revier für Hausboote
Unten: Fachwerkidyll
Rechts: Das Heimatmuseum in Geesthacht

Hier könnte man sich mit Proviant versorgen, um auf dem Deich oder an einem der kleinen, verschwiegenen Sandstrände direkt am Wasser zu picknicken. Ein schönes Ziel für einen Abstecher sind die Flächen der ehemaligen Landesgartenschau rund um das Schloss in Winsen an der Luhe sowie das Marstallmuseum mit einer Dauerausstellung zur

Elbmarschkultur und zur Vor- und Frühgeschichte. Entlang des Elbe-Seitenkanals lässt sich auch ein Abstecher in die Salzstadt Lüneburg einplanen.

Beim »Zollenspieker« über die Elbe

Auf dieser Elbseite verpasst man allerdings wiederum Geesthacht, denn die nächste Möglichkeit, den Fluss zu überqueren, besteht erst wieder ungefähr zwölf Kilometer weiter in Hoopte beim Zollenspieker Fährhaus – von dort aus verläuft der Radweg ohnehin nur noch rechtselbisch bis nach Hamburg. Daher sollte man Geesthacht am rechten Elbufer zumindest eine Stippvisite gönnen. Einfach über die Brücke der Bundesstraße, die bereits in Rönne kurz vor Stove zur Stadt hinüberführt. Von der Brücke

Touristeninformation

Geesthacht
Bergedorfer Str. 28,
21502 Geesthacht
Tel. 04152/83 62 58
touristinfo@geesthacht.de
www.geesthacht.de
Apr.–Sept. Mo–Fr 10–18 Uhr,
Sa/So 11–17 Uhr,
Okt.–März Mo–Sa 11–17 Uhr

aus bietet sich obendrein ein imposanter Blick auf die Elbstaustufe mit der großen Doppelkammerschleuse und Fischtreppen, über die die Fische das Wehr überwinden können. Hier lässt die Nordsee, die ihre Gezeiten (Tiden) bis weit ins Binnenland schickt, schon ihre Nähe spüren.
Staustufe und Schleuse bei Geesthacht grenzen das von den Tiden beeinflusste Fahrwasser der Unterelbe zwischen Hamburg und Cuxhaven von dem Fahrwasser der mittleren Elbe ab. Das Wasserbauwerk verhindert also, dass sich Ebbe und Flut noch weiter stromaufwärts auswirken.

Beide Ufer lohnen sich

Kurz vor Hamburg ist also noch einmal die Entscheidung fällig, welches Ufer man wählen sollte, um möglichst viel von der Tour zu haben. Links der Elbe, in Niedersachsen, locken entspannte Deichlandschaften, rechts davon, in Schleswig-Holstein, die besagte waldreiche »Gebirgsstrecke« und die Technik-Stadt Geesthacht, in der Alfred Nobel das Dynamit erfand. Das krönende Finale sind in jedem Fall die schon zur Elbmetropole gehörenden dörflichen Vier- und Marschlande.
Auch Geesthacht selbst ist anders als die anderen Städte am Elbe-Radweg und somit für viele auch mal eine willkommene Abwechslung. Anstelle von Fachwerkromantik und Burgen prägen vor allem technische Errungenschaften die Stadt. So befindet sich im Ortsteil Krümmel die 1866 von Alfred Nobel gegründete Pulverfabrik, in der der berühmte schwedische Chemiker das Dynamit erfand. Mehr dazu erfahren Gäste im interaktiven GeesthachtMuseum, das im ältesten Gebäude der Stadt untergebracht ist, dem Krüger'schen Haus. Zu Geesthacht gehören außerdem das einzige Pumpspeicherkraftwerk Norddeutschlands, das 1958 errichtet wurde, und das seit 2011 stillgelegte Kernkraftwerk Krümmel.

Wo beide Routen zusammentreffen

Am rechten Elbufer führt der Radweg hinter Geesthacht zunächst durch zwei Naturschutzgebiete. Zum ersten, den Besenhorster Sandbergen und Elbsandwiesen, gehört eine Düne mit Aussichtspunkt. An seiner südlichen Grenze befindet sich übrigens die Pulverfabrik. Es folgt die Borghorster Elblandschaft rund um Altengamme. Bei Hoopte schließlich trifft die Route mit der linkselbischen Route zusammen: Wer drüben bis zum Zollenspieker Fährhaus gefahren ist, muss hier nun übersetzen, um dem Elbe-Radweg weiter folgen zu können.

Infos und Adressen

SEHENSWERTES:

GeesthachtMuseum im Krüger'schen Haus
Tel. 04152/83 59 79
(Adresse und Öffnungszeiten wie Touristeninformation)

ESSEN UND TRINKEN:

Hofcafé Löscher
Hoopter Elbdeich 77,
21423 Winsen/Luhe
Tel. 04171/66 92 68
info@hofcafe-loescher.de
selbst gemachte Kuchen und Torten, wie z.B. die Hoopter Kirschtorte, Sonntags-Brunch und Dachterrasse

Reger Bootsverkehr auf der Elbe
Nächste Doppelseite:
Wasserkunst Kaltehofe

VON HAMBURG BIS STADE / WEDEL

(LINKS- ODER RECHTSELBISCH)

@WICHTIG

Länge der Etappe:
ca. 70 km

Fahrradservice

S.Z. Fahrradservice
Grindelberg 39, 20144 Hamburg
Tel. 040/98 26 12 66
https://sz-fahrradservice.com

Rajas Radservice
Eifflerstr. 24A, 22769 Hamburg
Tel. 0179/104 66 36
www.rajas-radservice.de

Mobile Fahrradreparatur Hamburg
Treptower Str. 22, 22147 Hamburg
Tel. 0176/29 73 73 37
www.mobilefahrradreparatur.de

Fahrrad-Garage-Stade
Altländer Str. 19, 21680 Stade
Tel. 04141/991 44 99
www.fahrrad-garage-stade.de

Radhaus Köhler
Bahnhofstraße 69, 22880 Wedel
Tel. 04103/2495
www.radhaus-koehler.de

Touristeninformation

Hamburg Tourist Information
Kirchenallee, 20095 Hamburg
Tel. 040/30 05 17 01
www.hamburg-tourism.de

STADE Marketing und Tourismus
Hansestraße 16, 21682 Stade
Telefon: 04141/77 69 80
www.stade-tourismus.de

Wedel Marketing e.V.
Rathausplatz 3–5
22880 Wedel
Tel. 04103/70 77 07
www.wedelmarketing.de

Oben: Die KZ-Gedenkstätte in Neuengamme
Unten: An der Dove-Elbe

17 Die Vier- und Marschlande

Gemüseanbau mit Tradition

Viele Auswärtige (und auch so manche Einheimische) vermuten nicht, welches Radlerparadies hier vor den Toren Hamburgs liegt – oder besser bereits zum Stadtbereich zählt. Der Elbe-Radweg verläuft nun durch die Vier- und Marschlande im Bezirk Bergedorf.

Das 13 163 Hektar große Gebiet umfasst zwölf Stadtteile und wird auch »Hamburgs Gemüsegarten« genannt. Eine dörfliche Landschaft mit gediegenen Reetdachhäusern, Wasserläufen und Badeseen breitet sich hier aus, von der Elbe zweigt in Tatenberg der überaus idyllische Nebenarm Dove-Elbe ab, wo im Sommer weitere Badestellen zu finden sind, unter anderem im Wasserpark Dove-Elbe.

Auf dem Marschbahndamm

An eine historische Besonderheit erinnert der Altenberger Marschbahndamm, über den der Elbe-Radweg hinter Geesthacht verläuft: Die Vierländer Bahn und die Hamburger Marschbahn bildeten einst eine bedeutende Verkehrsachse für den Personen- und Gütertransport in der Region südlich von Bergedorf. Auf Radtouren entdeckt man noch heute ihre Spuren. Der ehemalige Bahndamm wurde teils zum Radwanderweg umgestaltet – übrigens eine schöne Verlängerung der Elberoute in nordöstlicher Richtung. Von der alten Bahnstation Pollhof über Curslack/Odemannsheck, Neuengamme/Achterdieck bis Kirchwerder-Sülzbrack geht es auf einer Strecke von rund neun Kilometern durch die Vierlande.

Ehemalige Bahnhofsgebäude

Am 25. März 1911 begann man mit dem Bau der Linie für den Güter- und Personenverkehr. Bereits ein Jahr später, am 1. April 1912, wurde die Vierländer Bahn feierlich in Betrieb genommen. Auf der Strecke fuhren zweiachsige Dampfloks von Borsig, Hanomag und Henschel mit einer Höchstgeschwindigkeit von 40 Stundenkilometern. Die Loks gehörten genauso zum Bestand der Bergedorf-Geesthachter Eisenbahn (BGE) wie die Waggons, die Platz für 20 Personen boten, vier Post- und Packwagen sowie 53 Güterwagen. Die Fahrzeit von Bergedorf-Nord bis Zollenspieker betrug ungefähr eine halbe Stunde bei einer durchschnittlichen Geschwindigkeit von 24 Stundenkilometern. Ab 1936 wurden für den Personentransport rot-gelbe Dieseltriebwagen eingesetzt. Sie verkürzten die Fahrzeit erheblich und fuhren bis zur Einstellung des Personenverkehrs 1953. In den Vierlanden sind noch immer Relikte aus der großen Zeit der Eisenbahn zu finden, unter anderem einige Bahnhofsgebäude. Sie waren damals im

Oben: Auf dem Marschenbahndamm
Unten: Im Wasserkunst-Museum

neuen Vierländer Stil mit Fachwerk und Krüppelwalmdach errichtet worden, der trotz einiger Veränderungen im Lauf der Jahrzehnte vielerorts noch erkennbar ist.

An der Dove-Elbe

An der Einmündung der Dove-Elbe führt der Radweg direkt über die Brücke der Schleuse Tatenberg. Sportboote aus den hier angesiedelten Häfen müssen sie passieren, um in das Hamburger Hafengebiet oder Richtung Geesthacht zu gelangen (Vercharterer vor Ort). Von der Brücke aus kann man dem Geschehen in der Schleuse zusehen. Am Ende der Brücke geht es links ins Grün und bald am hohen Deich entlang zur Elbinsel Kaltehofe. Hier liegt direkt am Elbe-Radweg ein Topziel für Kulturfreunde oder einfach ein schöner Platz für eine Pause.

Links: Oben: Die Route führt über die Elbinsel. Unten: Industriedenkmal Wasserkunst Kaltehofe
Rechts: Am Sperrwerk

FREUD & LEID

ELBINSEL KALTEHOFE
Auf dem Gelände der ehemaligen Hamburger Wasserfiltrationsanlage entstand 2011 ein Natur- und Kulturmuseum. Hier gehen alte Industriearchitektur und neu erblühendes Gelände eine wunderbare Symbiose ein. Rund 280 Pflanzenarten, Fledermäuse und eine reiche Vogelwelt sind eingezogen. Ein ökologischer Naturlehrpfad führt entlang der ehemaligen Filtrationsanlage mit ihren wilhelminischen Schieberhäuschen. Die historische Villa und ein Museumsneubau beherbergen eine Dauerausstellung. Hier wurde die Geschichte von Kaltehofe aus Sicht der damaligen Arbeiter und Bewohner rekonstruiert. Eine Werkstatt der Wasserkunst lädt dazu ein, durch zwei Jahrhunderte Geschichte der Hamburger Brunnen und Wasserspiele zu flanieren. Von der Terrasse des Cafés lässt sich das Gelände gut überblicken. Informationen gibt es unter www.wasserkunst-hamburg.de

Hafenbarkassen vor der Elbphilharmonie

18 Hansestadt Hamburg

Elbmetropole mit maritimem Herz

Nach den vielen Kilometern im Grünen geht es geradewegs durch die markanten Konstruktionen der Elbbrücken und immer am Wasser entlang durch das Herz der maritimen Hansestadt, vorbei an den Landungsbrücken und am Elbstrand mit seinen kultigen Einkehr- und Picknickmöglichkeiten.

Nach den Elbbrücken, die teils direkt unterfahren werden, zeigt sich rechts an einem Seitenkanal der Hamburger Großmarkt, kurz dahinter (hierzu müsste man rechts abbiegen) befindet sich schon der Hamburger Hauptbahnhof. Wer die Hansestadt als Start- oder Zielpunkt wählt, hat also eine komfortable Reisemöglichkeit. Des Weiteren kommt man nun unmittelbar an einem kulturellen Hotspot vorbei, den Deichtorhallen, historischen Hallen mit offener Stahl-/Glas-Architektur vom Anfang des

Links: In der Speicherstadt und vor den Deichtorhallen
Rechts: Hamburgs neues Wahrzeichen, die Elbphilharmonie

20. Jahrhunderts, in denen in wechselnden Ausstellungen zeitgenössische Kunst und Fotografie gezeigt werden.

Hafencity und Speicherstadt

Der Radweg leitet gut beschildert für ein kurzes Stück durch den hier regen Straßenverkehr, dann richtet sich Hamburgs Aushängeschild als Medienstadt wie ein Pfeil auf jeden Ankommenden: Die Spitze des mächtigen SPIEGEL-Hochhauses, die übrigens einen Schiffsbug versinnbildlicht, auf der Ericusspitze in der Hamburger Hafencity. Das Paradebeispiel moderner Architektur, Sitz des großen Nachrichtenmagazins, markiert auch den Übergang zur neu entstehenden Hafencity, die sich dahinter noch bis zur Elbe erstreckt.
Die Hafencity hinter der Speicherstadt ist ein wohl unvergleichbares Stadtentwicklungsprojekt, das laufend neue Eindrücke und auch viel Kulturelles zu bieten hat. Auf dem einst zum Freihafen gehörenden Gelände wächst eine Stadt in der Stadt, samt

Universität und eigener U-Bahn-Linie, der U4. Dazu gehören die Elbarkaden und einige Museen, urige Gastronomie wie die Oberhafenkantine und das Fleetschlösschen genauso wie schicke Lokale an der Kaipromenade.

Besuch bei der »Elphi«

In erster Reihe direkt am Wasser erhebt sich majestätisch die »Elphi«, wie nicht nur Hamburger ihr neues Wahrzeichen liebevoll nennen: Wenn es auch einiges mehr kostete als geplant, die Elbphilharmonie kann sich sehen lassen und bietet außer hochkarätigen Konzerten auch eine Aussichtsplattform mit 360-Grad-Hafenpanorama.
Am *View Point* wiederum, einem knallroten, futuristischen Gebäude, ermöglicht eine Aussichtsplattform einen Rundumblick auf die Hafencity. In der Koreastraße informiert das Internationale Maritime Museum in einer zehn Decks umfassenden, multimedialen Ausstellung über die Seefahrt. Es befindet sich in einem ehemaligen Speichergebäude und ist mit nautischen Ausstattungsdetails edel gestaltet. Auf Deck 6 kann man sogar an der Reling stehen.

FREUD & LEID

FISCHBRÖTCHEN VON »NUGGI»
Wo bekommt man die besten Fischbrötchen? Eine Frage, die unweigerlich jeder Hamburg-Besucher stellt. Sie mit einer einzigen Adresse zu beantworten, wäre unfair, da es jede Menge leckere Optionen gibt. Dazu gehört auf jeden Fall ein von außen unscheinbares Kabuff am Anleger des Museumshafens Övelgönne: Dieter Nuggmeyer, genannt Nuggi, und seine brasilianische Braut Lucia Hiraldo, die Nani, belegen die Brötchen frisch, und drinnen gibt es viel Seemännisches zu gucken. Informationen (nur direkt vor Ort) bei Nuggis Elbkate, Neumühlen 1

Links: Moderne trifft auf Hansekultur.
Rechts: Die City verlockt zum Shoppen.
Nächste Doppelseite: An den St. Pauli-Landungsbrücken

Eine Reise in die Kolonialzeit

Geradeaus wiederum ein Kontrast: Die ehrwürdigen roten, bis zu siebenstöckigen Backsteingebäude der Speicherstadt mit dem ehemaligen Hauptzollamt säumen den Grasbrook-Kanal. Dieser historische Teil des Hamburger Hafens wurde im Jahr 2015 zum UNESCO-Weltkulturerbe erklärt. Er entstand von 1883 an als zollfreie Lager- und Handelszone und gilt heute als das größte zusammenhängende Speicherensemble der Welt. Eine attraktive Kulisse für Fotos und faszinierender Höhepunkt bei Hafenrundfahrten. Neben geschichtlich Interessantem, wie einer Kaffeerösterei, verbergen sich auch einige actionreiche Touristenattraktionen in den Häusern, insbesondere das Hamburg Dungeon. Dort ist eine 90-minütige Reise durch 600 Jahre der dunklen Seite der Geschichte Hamburgs zu erleben. Nebenan ist das Miniatur-Wunderland, die nach Angaben des Betreibers weltgrößte Modelleisenbahnanlage, ebenfalls ein gut besuchtes Ziel.
Das Speicherstadtmuseum im authentischen Ambiente eines Lagerhauses von 1888 gewährt spannende Einblicke in die Arbeit der ehemaligen Quartiersleute, so nannte man die Lagerhalter, und informiert über den Handel mit Kaffee, Kakao, Tee und Kautschuk. Anhand zahlreicher historischer Fotos und Pläne ist auch einiges über die Baugeschichte der Speicherstadt zu erfahren.

Sehenswerte Innenstadt

Wer Hamburg noch nicht kennt, sollte mindestens eine Übernachtung einplanen, das Rad sicher unterbringen und die Hansestadt besichtigen. Viele der bedeutendsten Sehenswürdigkeiten liegen direkt oder nahe am Elbe-Radweg, und auch die Wege vom Hafen aus in die City sind kurz: Die Innenstadt erstreckt sich von der Binnenalster mit dem Jungfernstieg bis hinunter zu den Landungsbrücken. Kurz davor

grüßt die St. Michaeliskirche, Hamburgs Wahrzeichen, allseits bekannt als der »Michel«. Die Wasserläufe der Fleete durchziehen die Innenstadt, das Herrengrabenfleet und das Alsterfleet bilden die Grenze zwischen der Altstadt im Westen und der östlichen Neustadt.

In der Altstadt ist zwischen Rathaus und Hauptbahnhof die Fußgängerzone in der Mönckebergstraße die zentrale Shoppingmeile. Rundherum verstreut liegen kulturelle Leckerbissen wie die Hamburger Kunsthalle oder das Bucerius Kunstforum, das Thalia Theater und das historische Kontorhausviertel. Zu diesem Gebiet gehört auch der älteste Kern Hamburgs, der sich einst rund um die Hammaburg zwischen der Petrikirche (12. Jahrhundert) und dem Domplatz in St. Georg bildete und langsam zur Stadt entwickelte. Richtung Westen breitet sich die Neustadt mit dem Gänsemarkt samt seinen noblen Einkaufspassagen aus. Traditionelle Häuser wie die Staatsoper, die Laeiszhalle und das Hamburg Museum sind Teile des reichen Kulturangebots der Hansestadt. Individuell gibt sich das Viertel rund um den Neustädter Markt nahe dem Michel mit vielen netten Lokalen und kleinen Läden.

BLOHM+VOSS DOCK ELBE 17
BLOCKBRAU
BRÜCKE 3
KASSE

Das nahe gelegene Museum für Hamburgische Geschichte (Hamburg Museum) am Holstenwall informiert darüber, wie aus der kleinen Hammaburg eine Weltstadt werden konnte.

Rund um das Chilehaus

Zwischen Speicherstadt und der belebten Mönckebergstraße liegt ein charmantes Quartier: Das Kontorhausviertel – ebenfalls UNESCO-Weltkulturerbe – berichtet von den Hamburger Kaufleuten und hanseatischer Tradition. Große Kontorhäuser im Stil des Klinker- oder auch Backsteinexpressionismus des frühen 20. Jahrhunderts, darunter das denkmalgeschützte Chilehaus (1922–1924), spiegeln den Wohlstand der Epoche wider und zählen auch heute zu den Top-Lagen. Weitere bedeutende Bauten sind der Meßberghof und der Sprinkenhof sowie die Kirchen St. Jacobi (1255) und St. Petri. Letztere ist die älteste Kirche der Hamburger Innenstadt. Ringsherum blüht geschäftiges Leben mit zahlreichen Restaurants und Cafés, Fachgeschäften und Galerien. Donnerstags ist Wochenmarkt auf dem zentralen Burchardplatz.

St. Pauli-Landungsbrücken

Von der Speicherstadt an folgt die Route elbnahen Straßen, die dann unmittelbar entlang der St. Pauli Landungsbrücken verlaufen, einem der größten touristischen Anziehungspunkte der Stadt. Schon allein das Panorama mit all den vertäuten und fahrenden Schiffen und den im Hintergrund hoch aufragenden Kränen des Seegüterhafens ist einen Stopp wert, vielleicht bei einem frischen Fischbrötchen. Mitten in der Industrielandschaft gegenüber ist auch das Musicalhaus von »König der Löwen« zu sehen, zu dem eine eigene Fähre übersetzt.
An den Landungsbrücken starten Barkassen zu Hafenrundfahrten und es sind mehrere Schiffe zu besichtigen, unter anderem die »Cap San Diego«,

das größte noch fahrtüchtige Museumsfrachtschiff der Welt. Hier werden auch Veranstaltungen wie ein Salon-Brunch, Ausstellungen oder Lesungen angeboten. Im Sommer sind die Beachclubs direkt am Wasser ein wahrer Traum (Strand Pauli und Hamburg del Mar). Und wer sich noch tiefer ins Nachtleben stürzen möchte, hat es auch nicht weit: Oberhalb der Landungsbrücken verläuft parallel die Amüsiermeile der Reeperbahn mit Klubs, Kneipen, Theater und natürlich auch dem berühmt-berüchtigten Rotlichtmilieu.

ÖPNV auf dem Wasser

Wer Lust auf eine Bootsfahrt durch den Hafen hat oder einen oft mit Spaziergängern reich bevölkerten (aber besonders schönen) Abschnitt des Radwegs meiden möchte, kann mit dem (zum Netz des ÖPNV gehörenden) HADAG-Dampfer Linie 62 von Landungsbrücken nach Finkenwerder fahren, dort gleich

Links: Das Hamburger Rathaus und schmucke Arkaden
Rechts: Oben: Vor dem »Kulturcafe Philharmonie«. Unten: St. Pauli-Landungsbrücken

Touristeninformation

Hamburg Tourismus GmbH
Tel. 040/30 05 13 00
www.hamburg-tourism.de

Zentrales Sales & Service Center
Tel. 040/30 05 17 01
Mo–Sa 9–19 Uhr

am Hauptbahnhof
Mo–Sa 9–19 Uhr,
So/Feiertage von 10–18 Uhr

am Hafen
Landungsbrücken /
zw. Brücke 4 und 5
So–Mi 9–18 Uhr, Do–Sa 9–19 Uhr

Infos zur Hafencity unter
www.hafencity.com

linkselbisch weiterradeln, oder mit der Linie 64 nach Teufelsbrück wieder ans rechte Ufer wechseln. Es kostet nicht mehr als eine U-Bahn- oder Busfahrt.
Auch der Platz am Ende der St. Pauli Hafenstraße ist Pflichtprogramm für viele Stadtbesucher, und zwar sonntags früh ab fünf Uhr. Aale-Dieter und andere Budenbetreiber machen den Hamburger Fischmarkt, an sich ein einfacher Wochenmarkt, zu einer wahren Show. Zu kaufen gibt es außer Fisch vor allem Obst, Blumen, Gewürze, aber auch lebende Hähne, Kleidung und Nippes. Noch weiter in Richtung Westen geht es durch den modernisierten Holzhafen und die Große Elbstraße in einen älteren Hafenbereich mit Kneipen wie der Haifischbar, der Seemannsmission und ausgezeichneten Fischlokalen.

Auf dem Altonaer Balkon

Nun ist man im Bezirk Altona angekommen, zu dem Ottensen, ein kunterbuntes Viertel beim Altonaer Bahnhof, und auch noch die Elbvororte gehören. Altona zählte noch bis 1864 zu Dänemark und

Infos und Adressen

SEHENSWÜRDIGKEITEN

Elbphilharmonie (mit Aussichtsplattform): www.elbphilharmonie.de

Deichtorhallen, Deichtorstr. 1–2
Tel. 040/32 10 30 · www.deichtorhallen.de
Di–So 10–18, Do bis 21 Uhr

Hamburger Kunsthalle, Glockengießerwall 5
Tel. (Besucherbüro) 040/428 13 12 57
besucherbuero@hamburger-kunsthalle.de
www.hamburger-kunsthalle.de · Di–So 10–18, Do bis 21, vor Feiertagen bis 18 Uhr

Der Michel, Englische Planke 1
Tel. 040/37 67 80 · info@st-michaelis.de
www.st-michaelis.de · Nov–Apr. tgl. 10–18 Uhr, Mai–Okt. tgl. 9–20 Uhr (letzter Einlass 17.30 bzw. 19.30 Uhr). Termine und Infos zur Besichtigung der Aussichtsplattform bei Nacht unter www.nachtmichel.de

Museum für Hamburgische Geschichte (Hamburg Museum), Holstenwall 24
Tel. 040/428 13 21 00 · info@hamburgmuseum.de · www.hamburgmuseum.de
Di–Sa 10–17 Uhr, So/Feiertage 10–18 Uhr

Internationales Maritimes Museum
Koreastr. 1 · Tel. 040/30 09 23 00

info@imm-Hamburg.de · www.internationales-maritimes-museum.de · Di–So 10–18 Uhr

Hamburg Dungeon, Kehrwieder 2
Tel. 01806/66 69 01 40 · www.thedungeons.com
Jan.–Juni/Sept.–Dez. tgl. 10–17 Uhr, Juli/Aug. tgl. 10–18 Uhr

Miniatur Wunderland, Kehrwieder 2, Block D, 20457 Hamburg · Tel. 040/30 06 80-0
info@miniatur-wunderland.de
www. miniatur-wunderland.de

Museumsschiff Cap San Diego, Landungsbrücken/Überseebrücke · Tel. 040/36 42 09
info@capsandiego.de · www.capsandiego.de
tgl. 10–18 Uhr

Speicherstadtmuseum, Am Sandtorkai 36
Tel. 040/32 11 91 · info@speicherstadtmuseum.de · www.speicherstadtmuseum.de
Di–So 10–17 Uhr, Sa/So/Feiertag 10–18 Uhr

Altonaer Museum, Museumstr. 23
Tel. 040/428 13 50 · info@altonaermuseum.de
www.altonaermuseum.de · Di–So 10–17 Uhr

Altonaer Theater, Museumstr. 17
Tel. 040/44 12 36 60 · tickets@altonaer-theater.de
www.altonaer-theater.de

Museumshafen Övelgönne
Neumühlen 1 · Tel. 040/41 91 27 61
infos@museumhafen-oevelgoenne.de
www.museumshafen-oevelgoenne.de

19 Die Hamburger Elbvororte

Von Othmarschen bis nach Wedel

Es sind nur rund zehn Kilometer, doch die herrliche Strecke verleitet hier zum Bummeln. Immer wieder locken Lokale mit Elbblick, zunehmend schöner werdende Sandstrände oder Perlen der Kultur wie der Jenischpark und schließlich der Fischerort Blankenese mit dem einzigartigen Treppenviertel. Ob chic oder chillig, hier findet jeder sein Plätzchen.

In Teufelsbrück trifft der Elbe-Radweg auf die Elbchaussee, eine der wohl schönsten Straßen der Welt. Kaum Ampeln, dafür umso mehr Aussicht. Sie mit dem Auto zu fahren, ist ein Genuss – mit dem Fahrrad eher weniger, da man sich mitten im Autoverkehr bewegt, und hier wird gern mal beschleunigt.

Glücklicherweise verläuft der Elbe-Radweg unterhalb der Chaussee und schon bald wieder am Wasser entlang. Dabei sollte man nicht versäumen, noch vor dem Fähranleger Teufelsbrück nach rechts zu schauen: Hinter der Elbchaussee öffnet sich das Flottbektal zu einer weitläufigen, hügeligen Parklandschaft mit uralten Bäumen. Also am besten die Straße auf dem Zebrastreifen überqueren und dieses besondere Fleckchen Hamburg erkunden, Picknickpause im Grünen inbegriffen. Zwar ist das Radfahren im Park nicht gestattet, doch warum zur Abwechslung nicht mal einen Spaziergang unternehmen? Die schönen Sandwege eignen sich bestens dafür.

Touristeninformation

Hamburg Tourismus GmbH
Tel. 040/30 05 13 00
www.hamburg-tourism.de

Links: Oben: Der Elbstrand bei Wedel. Unten: Fähranleger Teufelsbrück
Rechts: Der Elbstrand bei Övelgönne

Links: Oben: Der Reemstmapark, idyllisch gelegen und nur einen Katzensprung vom Elbstrand entfernt.
Unten: Fahrradparkplatz am Anleger der HADAG-Fähre
Rechts: Oben: Noble Wohngegend am Hang – Hamburg-Blankenese. Unten: Beim Spaziergang am Elbstrand gehören »große Pötte« zum Panorama.

Eine herrschaftliche Parkanlage

Der Jenischpark, angelegt vom Kaufmann, Landwirt und Gartenkünstler Caspar Voght (1752–1839), ist nach dem Vorbild der *Ornamented Farm* »The Leasowes« des Dichters William Shenstone gestaltet. Mittendrin thront in aussichtsreicher Lage das klassizistische Jenisch-Haus, das ein Museum für Kunst und Kultur beherbergt. Nebenan verbirgt sich ein Geheimtipp zum Kaffeetrinken oder für ein Glas Wein: Bei Ralph's Kiosk sitzt man bei nahezu jedem Wetter herrlich und kann sich auch Hausgemachtes schmecken lassen. Geöffnet ist jedoch meist nur an den Wochenenden (mit Freitag). Wenige Schritte weiter bietet das Ernst-Barlach-Haus Kunstgenuss. Der lichtdurchflutete Museumsbau präsentiert etliche Hauptwerke des expressionistischen Bildhauers, Zeichners und Schriftstellers Ernst Barlach (1870–1938), darunter viele kostbare Holzskulpturen. Auch wechselnde Sonderausstellungen und Kulturveranstaltungen finden hier statt.

Durch den Park kann man eine große Runde drehen und ihn beim Ausgang an der Baron-Voght-Straße wieder verlassen, die auf kürzestem Weg zurück hinunter an die Elbe führt, wo es gegenüber dem Fähranleger wieder auf den Radweg geht. Alternativ ist es auch bereits hier möglich, mit der HADAG-Fähre 64 ans linke Elbufer zu wechseln. Dort befindet sich der Ortsteil Finkenwerder mit einem tollen Freibad:

Schwimmen mit Blick auf die Elbe und die vorbeiziehenden Ozeanriesen. Die linkselbische Route lässt sich dort bis Cuxhaven fortsetzen.

»Fischerdorf« Blankenese

Am rechten Ufer ist der Radweg nun besonders attraktiv: Die Elbe immer an der Seite, weniger Spaziergänger als im citynahen Bereich, breitere Wege, zudem bekommt man von der oberhalb des grünen Elbhangs verlaufenden Straße hier nichts mehr mit. Ausflugslokale und ein Restaurant, alle mit Blick aufs Wasser, liegen direkt an der Strecke.

Infos und Adressen

SEHENSWÜRDIGKEITEN

Jenischpark
Baron-Voght-Str. 50
Tel. 040/82 87 90 (Jenisch-Haus)
info@jenischparkverein.de
www.jenischparkverein.de

Ernst-Barlach-Haus
Baron-Voght-Str. 50a
Tel. 040/82 60 85
info@barlach-haus.de
www.barlach-haus.de
Di–So (an Feiertagen auch Mo) 11–18 Uhr;

Fischerhaus Museum
Elbterrasse 6
Tel. 040/86 40 53
fischerhaus@blankenese.de
www.blankenese.de
Mai–Okt. jeden ersten So im Monat 14–17 Uhr sowie nach Absprache

Oben: Blankenese von Finkenwerder aus gesehen.
Rechts: Oben: Zugang zur Strandperle in Övelgönne; Unten: Am Falkensteiner Ufer

In Blankenese hält man sich am Wasser, um eine Passage zu meiden, auf der Radfahrer absteigen müssen, und außerdem um mit der spektakulärsten Sicht auf den alten Fischerort anzukommen: Das Treppenviertel schmiegt sich an den Elbhang bis hinunter zum Strand, ein helles, verwinkeltes Häusermeer mit unzähligen Treppen, Gässchen und Durchgängen. Die Häuser, in denen einst Kapitäne und Elbfischer lebten, sind im maritimen Stil wunderbar detailverliebt hergerichtet. So erinnert das Ensemble mit seinen bunt bepflanzten Vorgärten an eine kleine Altstadt am Mittelmeer. Wer noch genug Kondition hat, sollte einen Aufstieg wagen, allerdings kann man sich in dem Häusergeflecht leicht verlaufen. Zu entdecken sind dabei der Treppenkrämer, ein heimeliges Café mit Tante-Emma-Laden und, noch weiter oben, der Kaffeegarten Schuldt mit Panoramablick. Beide verdienen Lob für ihre hausgemachten Kuchen und andere Leckereien. Das Treppenviertel krönt ein weithin sichtbarer Bau, der an eine Burg erinnert: das Fünf-Sterne-Hotel Süllberg mit Zwei-Sterne-Restaurant und weiteren edlen Lokalen. Ursprünglich befand sich auf der 74,4 Meter hohen Kuppe eine Festung, die Adalbert I., Erzbischof von Hamburg und Bremen, 1060 hatte errichten lassen. Von 1258 an wurde sie durch eine von Johann I. und Gerhard I., den Grafen von Schauenburg und Holstein, erbaute, neue Burg ersetzt, die aber schon nach vier Jahren aufgrund von Interessenkonflikten wieder abgerissen wurde. Beide Bauten dienten vor allem zur Sicherung der Fährverbindung über die Elbe.

Das legendäre Treppenviertel

Mehr über den traditionsreichen Stadtteil ist im Museum Fischerhaus an der Elbterrasse (im Treppenviertel etwa auf halber Höhe) zu erfahren. Die im reetgedeckten Dreehus untergebrachte Ausstellung zeigt unter anderem Hauben aus Blankeneser Familienbesitz und mit Holzkohle betriebene Tageöfen, die

sich Frauen als Wärmespender unter die Röcke schoben (sogenannte »Kieken«), außerdem die Tischflagge der legendären Hamburger Bruderschaft der Kap Horniers. Mitglied konnte nur werden, wer das Kap Horn in östlicher und westlicher Richtung umsegelt hatte. Oberhalb des Treppenviertels liegt das neu gewachsene »Dorf«, wie Einheimische es gern nennen, mit einer kleinen Einkaufsmeile, Cafés und Lokalen, einem beliebtem Wochenmarkt und sogar einem Kino. Wer die Waden schonen möchte, nimmt die sogenannte Bergziege: Der kleine, wendige Bus der Linie 48 des Hamburger Verkehrsverbunds schafft die verwinkelten Wege des Treppenviertels und hält auch am Blankeneser Bahnhof, an dem sich eine S-Bahn-Station befindet. Als wäre das noch nicht genug, punktet Blankenese obendrein mit einem der schönsten Elbstrände Hamburgs, höchstens noch übertroffen vom etwas weiter stadtauswärts gelegenen Falkensteiner Ufer. Hier folgt der Radweg der schmalen Straße namens Strandweg, an der Fischrestaurants und nette kleine Lokale zu finden sind, auch auf dem Schwimmponton »Op'n Bulln« mit dem Fähranleger (Fähre nach Cranz). Das Treppenviertel hinter sich lassend, entführt der Elbe-Radweg schließlich ins Grün des Falkensteiner Ufers und über die Hamburger Stadtgrenze hinaus nach Wedel.

FREUD UND LEID

ELBE-CAMP

Radler mit Zelt und alle, die Lust auf eine Pause in chilliger Atmosphäre haben, kommen am Falkensteiner Ufer auf ihre Kosten: schon beinahe wild anmutendes Camping zwischen Bäumen, den herrlichen Sandstrand vor Augen. Für einen lauschigen Abend können Feuertonnen ausgeliehen werden, die sanitären Einrichtungen sind gepflegt und im Grill-Biergarten Lüküs könnte man Stunden verbringen. Ein Kinderspielplatz und Aktionen wie ein Mitmachzirkus für Campinggäste begeistern reisende Familien. Das Wohl der Kleinen wird hier großgeschrieben: Hinter dem ElbeCamp steht der Verein Kinderschutz und Jugendwohlfahrt e.V. Mit den auf dem Campingplatz erwirtschafteten Überschüssen werden Jugendcamps organisiert, für die ein eigenes Areal auf dem Platz eingerichtet wurde. Informationen unter www.elbecamp.de

20 Wedel

Wo »große Pötte« begrüßt werden

Im leichtem Auf und Ab geht es hinter dem Hamburger ElbeCamp durch ein Waldstück am Elbufer, ein kleiner Leuchtturm steht am Wegesrand, bis eine Treppe mit Schiebeanlage anzeigt, sich vom Wasser abzuwenden – aber nur für kurze Zeit. Für rund anderthalb Kilometer führt die Route durch Wedeler Wohngebiete, um dann wieder einen Höhepunkt zu präsentieren.

Die Schiffsbegrüßungsanlage Willkomm Höft markiert an der Elbe die Einfahrt nach Hamburg. Dazu gehört das Ausflugslokal Schulauer Fährhaus, in dem Gäste einer maritimen Zeremonie beiwohnen und etwas über die Seefahrt erfahren können: Wenn

ein großes Schiff mit einer Bruttoraumzahl über 1000 ein- oder ausläuft, ertönt die Nationalhymne des Landes, unter dessen Flagge es fährt, und ein Willkommens- oder Abschiedsgruß. Dazu wird die Hamburger Flagge gedippt (also kurz auf- und niedergeholt) – diesen Teil der Begrüßung erhalten übrigens auch kleinere Schiffe. Dazu wird das internationale Flaggensignal für »Gute Reise« mit den Buchstaben U und W gehisst. Die Gäste im Café hören über Lautsprecher außerdem, um welches Schiff es sich genau handelt, und bekommen unter anderem Informationen zu Tonnage, Tiefgang oder Baujahr. Durchgeführt wird diese Zeremonie von einem sogenannten Begrüßungskapitän, der die Anlage von einem kleinen Raum aus steuert. Dabei helfen ihm 152 verschiedene Nationalhymnen auf Kompaktkassetten, der tägliche Hafenbericht und Karteikarten zu rund 17000 Schiffen. Begründer Otto Friedrich Behnke (1899–1964) hatte sich schon als Kind vorgenommen, später einmal eine Schiffsbegrüßungsanlage ins Leben zu rufen. Im Jahr 1952 machte er den Wunsch wahr.

Links: Eine maritime Flaniermeile
Rechts: Am Willkomm Höft, der Wedeler Schiffsbegrüßungsanlage

Oben: Die Fähre zum Alten Land
Mitte: Am Schulauer Fährhaus
Unten: Das Ernst Barlach Museum

Im Schulauer Hafen, der in den letzten Jahren saniert und zu einer Maritimen Meile umgebaut wurde, legt auch regelmäßig das Fahrgastschiff »Dat Ole Land II« ab, mit dem man in 25 Minuten ans andere Elbufer nach Lühe gelangt. Es ist vor Glückstadt die letzte Möglichkeit, die Seite zu wechseln. Das Schiff bietet Platz für bis zu 250 Passagiere und 70 Fahrräder.

Beachclub und Elbstrand

Bei schönem Sommerwetter lohnt es sich besonders, auch mal ins Grün auf der anderen Seite des Schulauer Hafens zu schauen, denn dahinter verbirgt sich ein schöner Badestrand mit einem Beachclub, der einen in exotische Regionen versetzt. Einen Besuch wert sind in Wedel außerdem die Carl-Zeiss-Vogelstation, das Theaterschiff und schwimmende Bühne »Batavia« (mit festem Platz im Aue-Hafen) und in der Altstadt unter anderem das Ernst-Barlach-Museum sowie das Reepschlägerhaus mit verschiedenen Kulturveranstaltungen
Die Elbe hinter dem Beachclub immer im Blick, geht es bald am Deich entlang, wozu man ein Gatter passieren muss – und dabei höchstwahrscheinlich von Schafen begrüßt wird. Für elf Kilometer folgt der Radweg dem grünen Küstenschutzwall. An der Strecke liegt schon nach kurzer Zeit das Naturschutzgebiet Haseldorfer Binnenelbe mit Elbvorland. Hier ist der Einfluss der Gezeiten noch wirksam, und vom ursprünglichen Lebensraum konnten großflächige Süßwasserwatten, Priele, Inseln und feuchte Uferbereiche erhalten werden. Im nahen Haseldorf (etwa zwei Kilometer von Radweg entfernt) befindet sich ein Erlebnis- und Informationszentrum über die Unterelbe und die Region: das Elbmarschenhaus mit einer multimedialen Ausstellung und Außenanlagen. Auch den Friesensport »Boßeln« kann man hier am Deich einmal ausprobieren.

FREUD & LEID

DER ELB-HÜPFER

Neben den Hamburger Hafenfähren, die im Linienverkehr jeweils die Ufer miteinander verbinden, gibt es auch eine, mit der man die komplette Strecke von den Landungsbrücken bis nach Wedel fahren kann – oder auch nur Teile davon. So ist es zum Beispiel möglich, in Neumühlen/Övelgönne oder Blankenese von Bord zu gehen, bis zum nächsten Anleger zu radeln, um dann dort wieder zuzusteigen. Zu bedenken ist dabei: Fahrräder dürfen an Bord, wenn alle anderen Gäste zugestiegen sind, und sind dann in einem gekennzeichneten Bereich zu sichern, der Halter muss während der Fahrt beim Rad bleiben. Auch eine komplette Hafenrundfahrt (bis zu drei Stunden) lässt sich mit dem Elb-Hüpfer unternehmen, dann könnte das Fahrrad also auch am Start- und Zielpunkt verbleiben. Das Schiff hält an folgenden Stationen: St. Pauli Landungsbrücken (Brücke 2), Neumühlen (Övelgönne), Teufelsbrück, Blankenese, Wedel sowie an der Elbphilharmonie in der Hafencity. Informationen unter www.hadag.de

Oben: Der Elbstrand von Wedel
Unten: Zur schnellen Orientierung: Hier wird man gut informiert.

Links: Ein Paradies für Radfahrer, an der Strecke wird man gut informiert.
Rechts: An der Fähre und bei Airbus, die Route führt durch das Grüne.

21 Durch das Alte Land

Eine jahrhundertealte Kulturlandschaft

Nach den Containerterminals im Hamburger Hafen mit den hoch aufragenden Krananlagen wird es grün am linken Elbufer. Hier verläuft die Radroute wieder zu beiden Seiten des Flusses, der immer machtvoller der Nordsee entgegenströmt. Die Elbfähre bringt auch Radfahrer hinüber ins Alte Land, wo eine Reise durch die Obstkultur beginnt.

21 Durch das Alte Land

Los geht es in Finkenwerder, einem Stadtteil von Hamburg auf einer ehemaligen Elbinsel. Zu erreichen ist er entweder direkt mit der Fähre ab Teufelsbrück oder, nach dortigem Umsteigen, schon ab St. Pauli Landungsbrücken. Finkenwerder ist: roter Backstein, »Finkenwerder Scholle« mit Speck, Zwiebeln und Nordseekrabben essen und der Sitz von Hamburgs größtem Arbeitgeber. Westlich des traditionellen Ortskerns, direkt am Elbufer, liegt das Airbus-Werk mir rund 12 500 Beschäftigten. Was auf der einen Seite für Zuspruch sorgte, rief auch Umweltschützer auf den Plan, da für das Bauprojekt Teile des Naturschutzgebietes Mühlenberger Loch gegenüber von Blankenese zugeschüttet wurden – unter der Auflage, dass Ausgleichsflächen zu schaffen seien, was erneut zu Diskussionen führte, da die Möglichkeiten dafür begrenzt sind. Derzeit gibt es Überlegungen, die Süßwasserwatten der Wedeler Marsch zu erweitern.

Besuch bei Airbus

Das Airbus-Gelände ist bei einer zweieinhalbstündigen Tour zu besichtigen. Dazu ist allerdings eine

Links: Ankunft im fachwerkschönen Finkenwerder
Rechts: Der Lotsenturm

Anmeldung erforderlich. Besucher erfahren hierbei, wie die Großraumflugzeuge aus Millionen von Einzelteilen zusammengebaut werden. Doch auch schon von der Radroute aus ist ein Blick auf das Vorfeld, die Start- und Landebahn sowie den Roll- und Schleppverkehr des Sonderflughafens möglich: Sie führt vorbei am Aussichtswall Neßtor Ost, einer Besucherplattform auf dem Neßdeich, die gern auch *Plane-Spotter* zum Fotografieren der Flugzeuge nutzen.

Zwischen Landstraße und Elbe geht es dann direkt am Wasser zunächst vorbei an dem, was vom Mühlenberger Loch noch geblieben ist. Mit Cranz ist der westlichste Stadtteil Hamburgs erreicht, doch an die Großstadt erinnert kaum noch etwas. Schon zum Alten Land gehörend, prägen Obstplantagen und gemütliche Siedlungen an den Deichen die Szenerie, Fachwerk, Reetdächer und hübsch hergerichtete Häuser. Es besteht eine Fährverbindung zum rechten Elbufer nach Blankenese, dessen pittoreskes Treppenviertel am Elbhang gegenüber zu sehen ist.

Rund um Cranz

Hinter Cranz liegt die zum Naturschutzgebiet gehörende Sandbank Neßsand mitten im Elbstrom, daran anschließend eine weitere, der Hahnöfersand, an dessen Ufer sich die gleichnamige Justizvollzugsanstalt befindet. Der Radweg wechselt dort auf die andere Deichseite und folgt bis Jork der linken Straßenseite. Wahlweise kann man nun landeinwärts über Steinkirchen bis Grünendeich radeln und dort wieder ans Elbufer – oder man bleibt gleich direkt am Wasser, um der Obstroute zu folgen. So oder so wird man schier unendlich viele Obstbäume sehen: Rund zehn Millionen sollen es sein – besonders im Frühjahr ein unvergesslicher Anblick, wenn ein weiß- und rosafarbenes Blütenmeer die Deiche säumt.

Cranz gehört bereits zum Alten Land, mit rund 170 Quadratkilometern ist es eines der größten

geschlossenen Obstanbaugebiete Europas. Angebaut werden vor allem Äpfel (anteilig mehr als 70 Prozent), aber auch Birnen, Kirschen, Pflaumen und anderes Obst. Der Obstbau ist seit dem frühen 14. Jahrhundert urkundlich nachgewiesen, die Vermarktung und der Transport der Früchte wären ohne die Schifffahrt lange nicht möglich gewesen – fehlte es doch bis ins 19. Jahrhundert hinein an befestigten Wegen.

Das Alte Land umfasst außerdem die Hamburger Stadtteile Neuenfelde und Francop sowie die Gemeinde Jork, die Samtgemeinde Lühe und den Neu

Wulmstorfer Ortsteil Rübke in Niedersachsen. Als Naherholungsgebiet ist es bei Radfahrern und Spaziergängern ausgesprochen beliebt, einige der Obsthöfe bieten Führungen oder Direktverkauf, in Cafés oder Restaurants werden Obstkuchen und Altländer Spezialitäten wie Apfelpfanne serviert.

Jork und Museumshafen Borstel

Mittendrin liegt Jork, mit rund 12 000 Einwohnern das touristische Zentrum der Region – an Werktagen auch stark durch geschäftigen Autoverkehr und die Nähe zu Hamburg geprägt. Hier widmet sich das Museum Altes Land der Kulturlandschaft und ihrer Geschichte. Es ist in einem der charakteristischen Fachhallenhäuser untergebracht. Zum Hofensemble

gehören außerdem ein Altländer Tor und eine denkmalgeschützte Durchfahrtsscheune von 1590 (restauriert 2001). Die Ausstellung informiert auf 320 Quadratmetern über die Entwicklung des Alten Landes und das Leben seiner Bewohner, das auch geprägt ist von der ständigen Auseinandersetzung mit dem Wasser.

Zu den historisch bedeutsamen Gebäuden zählt auch das ehemalige Geschäftshaus des Zigarrenmachers Jacob Feindt aus dem 19. Jahrhundert: Im Zigarrenmacherhaus sind verschiedene Ausstellungen und Kulturveranstaltungen zu erleben. Am Elbdeich in Jork-Borstel gibt die Windmühle Aurora ein reizvolles Fotomotiv ab. Der Galerieholländer, so die Bezeichnung dieses Mühlentyps, ersetzt seit 1856 die vormalige Bockmühle. Sie besteht aus einem viergeschossigen, quadratischen Unterbau aus Backstein und der Galerie, einem achteckigen Oberbau mit neun Ebenen. Auch Segelflügel und Steert sind erhalten geblieben.

Zu Jork gehört der kleine Museumshafen Borstel, man kommt auf der direkt am Wasser entlangführenden Routenvariante nach Grünendeich daran vorbei. Hier waren noch im späten 18. Jahrhundert laut Steuerregister 59 Schiffe mit Liegerecht gemeldet. Geblieben ist die ehrwürdige Tjalk »Annemarie«, auf der von 1925 bis 1938 das Obst von der Lühe auf die Märkte an der Elbe, vor allem in Hamburg, transportiert wurde (damals unter dem Namen »Frieda«).

Links: Oben: Containerriesen auf der Elbe
Unten/Rechts: Museum Altes Land in Jork

22 Grünendeich

Ausstellung zur Unterelbe

Am Ortsausgang von Grünendeich in Richtung Stade geht es im Haus der Maritimen Landschaft Unterelbe, der alten Seefahrtschule, auf eine Seereise. Im Foyer ist die Dauerausstellung »Meer erleben an der Elbe« untergebracht mit einem begehbaren Modell des Unterelbelaufs.

Auch wechselnde Kunst- und Fotoausstellungen sind hier zu sehen. In einer zugehörigen Touristeninformation erfahren Gäste einiges über Angebote der Region und können nach Tourenempfehlungen fragen. Obendrein kann man hier auch mal selbst als Kapitän auf einer Brücke stehen oder im Planetarium einen Blick in den Sternenhimmel werfen.

Mal selbst »auf der Brücke« stehen

Denn im Haus der maritimen Landschaft Unterelbe führen echte Kapitäne über die hauseigene Kapitänsbrücke. Zu sehen sind dabei unterschiedliche nautische Geräte, wie sie auf der Brücke von kleinen und großen Schiffen zu finden waren oder für die Schulung der angehenden Kapitäne in der ehemaligen Seefahrtschule eingesetzt wurden. Gäste können dabei den freien Blick auf die Elbe genießen, die großen Pötte an sich vorbeiziehen lassen und auch mal das »Ruder hart Backbord« legen oder am Kartenbrett den Kurs nachrechnen. Die fachkundige Führung übernimmt zum Beispiel Rolf Bruns, der selbst viele Jahre große Tanker über die Weltmeere steuerte und natürlich auch einiges »Seemansgarn« zu spinnen weiß. Mit Kapitän Ohlrogge lässt sich außerdem eine Reise in die Weiten des Universums unternehmen, denn im Haus befindet sich auch ein Planetarium (Anmeldung unter Tel. 04142/88 94 10).

Ein Leuchtturmmuseum

Bis kurz vor Stade rollen die Reifen wieder mit der Elbe an der Seite, Abwechslung bietet Hollern-Twielenfleth, wo ein Leuchtturmmuseum zu besichtigen

Touristeninformation

Tourismusverein Altes Land e.V.
Osterjork 10, 21635 Jork
Tel. 04162/91 47 55
info@mein-altes-land.de
www.tourismus-altesland.de

Touristeninformation im Haus der Maritimen Landschaft Unterelbe
Kirchenstieg 30
21720 Grünendeich
Tel. 04142/88 94 10
info@maritime-elbe.de
www.maritime-elbe.de

Links: Der Fluss versteckt sich hinter dem Grün.
Rechts: Gleich mehrere Leuchttürme sind hier zu entdecken.

Windmühle in Jork

Infos und Adressen

SEHENSWÜRDIGKEITEN

Museum Altes Land
Westerjork 49, 21635 Jork · Tel. 04162/5715
archiv@jork.de · www.jork.de

Museumshafen Borstel
www.museumshafen-borstel.de
Haus der Maritimen Landschaft Unterelbe (Adresse siehe unter Touristeninformation)
ca. Mitte März bis Mitte Nov. Fr–Mo und Feiertage 10–15 Uhr

Leuchtturmmuseum Twielenfleth
Am Deich, 21723 Hollern-Twielenfleth
Tel. 04141/76814

Airbus
Kreetslag 10, 21129 Hamburg
Tel. 040/74370, Airbus
Werksführungen buchen bei Globetrotter Reisebüro GmbH, Abt. Werksführungen, Postfach 1445, 25404 Pinneberg
Tel. 0900/5247287 oder unter www.werksfuehrung.de
Globetrotter Tours bietet auch Einzelplätze bei Gruppenführungen an

ESSEN UND TRINKEN

Möwen-Nest, Yachthafenstr. 6, 21635 Jork
Tel. 04162/254646 · www.cafe-altes-land.de, direkt am Elbradwanderweg auf dem Deich

Obsthof Matthies, Fam. Matthies
Am Elbdeich 31, 21635 Jork-Borstel
Tel. 04162/91580 · www.obsthof.de
Hofladen, Wintergarten-Café und Ferienwohnung, Führungen und Erlebnisangebote

Obsthof Feindt, Lore Feindt
Westerjork 57, 21635 Jork
Tel. 04162/7549 · www.hofladen-lore-feindt.de
Hofladen und Hofcafé, Spezialitäten aus dem Alten Land

Die Mühle Jork
Am Elbdeich 1, 21635 Jork-Borstel
Tel. 04162/6395 · www.diemuehlejork.de
Restaurant und Café

ist. Es befindet sich im Inneren eines kleinen Leuchtturms, dessen Leuchtfeuer im Oktober 1984 außer Betrieb gesetzt wurde. Die Ausstellung verdeutlicht mit Schiffen im Modellmaßstab 1:1250, wie sich die Schifffahrt im Lauf der Jahrzehnte veränderte, zeigt außerdem Seekarten, Fotos und Gegenstände aus vergangenen Seefahrtszeiten. Von der Aussichtsplattform aus präsentiert sich ein schönes Elbpanorama.

Hinter dem Leuchtturm heißt es dann bald Kurs in Richtung Westen aufnehmen, um in die Hansestadt Stade zu gelangen. Wer gleich weiter in Richtung Nordsee radeln möchte, kann eine Abkürzung über einen Radweg entlang der Umgehungsstraße L111 nutzen (spart circa fünf Kilometer). Doch man sollte es sich gut überlegen, denn Stade lohnt einen Besuch (mehr dazu im übernächsten Kapitel).

Die Steinbachbrücke in Stade

Oben: In der Stader Altstadt
Vorherige Doppelseite: Der Stadthafen von Stade

23 Hansestadt Stade

Mittelalterliches Flair

Wer sich für das linke Elbufer entschieden hat, gelangt nun in eine äußerst fotogene Altstadt. Das historische Zentrum von Stade liegt auf einer Insel der Schwinge, einem Zufluss der Elbe, innerhalb ehemaliger Wallanlagen und ist von einem Burggraben umgeben.

Hübsche Backsteinhäuser säumen den Wasserlauf. Die einstige Stadtbefestigung wurde in eine Grünanlage umgewandelt.

Der Schwedenspeicher

Im Mittelalter spielte Stade eine zentrale Rolle als Hafen zwischen Cuxhaven und Harburg und als

strategisch günstig gelegener Fährort an der Elbe. Die Hansestadt lag am Schnittpunkt der Handelsstraße Ochsenweg, die von Jütland durch Schleswig-Holstein zum gegenüberliegenden Fährhafen von Itzehoe verlief, sowie der Fernhandelswege Richtung Paderborn und Hannover. Stade gehörte der Hanse bereits seit deren Anfangsjahren an und entsandte ab 1373 Vertreter zu den Hansetagen.
Im Jahr 1643, also am Ende des Dreißigjährigen Krieges, wurde Stade endgültig von den Schweden erobert, die es zu einer bedeutenden Festung ausbauten. Im Zuge des Westfälischen Friedens von 1648 hatte Schweden die Herzogtümer Bremen und Verden offiziell als Kriegsentschädigung zugesprochen bekommen. So wurde Stade zum Hauptsitz der schwedischen Verwaltung erklärt und befand sich noch bis 1712 unter schwedischer Herrschaft. An diese Epoche erinnert der Schwedenspeicher im Hansehafen, ein barockes Backsteingebäude aus der zweiten Hälfte des 17. Jahrhunderts. Die schwedische Garnison nutzte diesen Speicher als Proviantharus. Das Museum, das sich heute darin befindet, widmet sich der Archäologie und Geschichte des Elbe-Weser-Raums sowie der Stadt Stade.

Weitere Überraschungen in Stade

Gegenüber dem Schwedenspeicher lädt am anderen Ufer des Hansehafens das »Baumhaus« zur Besichtigung ein – und dies ist wörtlich zu verstehen, denn der Eintritt ist frei. Es handelt sich dabei um ein kleines, privat geführtes Museum mit der Sammlung »Alt Stade«. Besitzer Hans-Jürgen Berg, der im Obergeschoss des Hauses wohnt, trug alles zusammen, was einen Bezug zur Geschichte von Stade hat: Fotos und Postkarten, Bücher, Schriften, Haushaltsgegenstände, Bier- und Saftflaschen, Werbeschilder und viele andere Dinge. Das Museum ist im Untergeschoss eingerichtet.

Oben: Am Marktplatz
Unten: Farbenfrohe Fassaden
Nächste Doppelseite: Stade, Alter Holzkran am Fischmarkt

Links: Seglerankunft und auf der Altstadtinsel
Rechts: Die Hansestadt hat viele Gesichter

Der Name Baumhaus bezieht sich auf die historische Nutzung des Gebäudes, das dem Hafenaufseher einst als Amtsstube diente. Und dieser wiederum verwendete einen Baumstamm, um die Zufahrt zum Hansehafen am Fischmarkt zu öffnen oder zu schließen. Das ursprüngliche Baumhaus fiel beim großen Stadtbrand 1659 den Flammen zum Opfer. Der heutige Nachfolgebau stammt aus dem 18. Jahrhundert.
Südwestlich der großen Altstadtinsel befindet sich, auf einer kleinen benachbarten Insel, eines der ältesten frei zugänglichen Freilichtmuseen Deutschlands. Zu besichtigen sind ein 1733 gebautes Altländer Bauernhaus mit reich verziertem Mauerwerk, das noch die ursprüngliche Raumaufteilung und einen Großteil der originalen Einrichtung zeigt. In einem Geest-Bauernhaus von 1641 befindet sich die Insel-Gaststätte. Auch eine Bockwindmühle und eine typische Altländer Prunkpforte zählen zu dem historischen Gebäudeensemble.

Zur Festung Grauerort

Zu den weiteren Sehenswürdigkeiten Stades zählen ein Heimatmuseum, das Kunsthaus am Wasser West und das Museumsschiff »Greundiek«. Nahe dem zum Stadtgebiet zählenden Abbenfleth, etwa zehn Kilometer in Richtung Drochtersen, befindet sich die Festung Grauerort mit Museum direkt am Elbe-Radweg, der hier auch wieder auf den Fluss trifft.
Die Preußen errichteten sie von 1869 bis 1879 zum Schutz vor feindlichen Schiffen auf der Elbe. Die Lage in der hohen Altmarsch an der Elbe mit kurzem Weg in den schützenden Hamburger Hafen erwies sich als vorteilhaft, als im 19. Jahrhundert die Spannungen mit Frankreich zunahmen. So stand die Festung bereits während des deutsch-französischen Kriegs von 1870/71, war allerdings nie Schauplatz von Kampfhandlungen.

23 Hansestadt Stade

Links: Badespaß und Bäuerliches
Rechts: Der Elbe-Radweg ist hier mehr als gut markiert.

24 Elbinsel Krautsand

Sieben Kilometer Sandstrand

Nach einem möglichen Schlenker in die schöne Hansestadt Stade heißt es nun tief durchatmen. Die Elbe wird immer breiter, ein Hauch von Salz in der Luft lässt die Nordsee erahnen. Naturjuwelen wie die Elbinsel Krautsand liegen an der Strecke.

Durch das Naturschutzgebiet Asselersand, einer grünen Marschenlandschaft, die von einem gezeitenabhängigen Netz von Prielen und Gräben durchzogen ist, führt die Route schließlich vorbei an Drochtersen und direkt am Wasser entlang auf die große Elbinsel Krautsand. Sie ist über zwei Brücken mit dem Festland verbunden und unbedingt eine Badepause wert: Ein Sandstrand mit angrenzenden Wattflächen säumt die Insel auf einer Länge von mehr als sieben Kilometern.

Ferienidyll pur

Krautsand wurde bereits 1575 erstmals urkundlich erwähnt. Die von 1620 an dort errichteten Häuser stehen auf Erdhügeln, sogenannten Wurten. Mit den Warften der Halligen in der Nordsee vergleichbar, dienten diese dem Schutz gegen die Sturmfluten der Elbe. Seinen Deich erhielt Krautsand erst im Jahr 1976. Mit seinen Reetdachhäusern, Obsthöfen, Weiden, Häfen und dem Sandstrand ist Krautsand ein wahrhaft lohnendes Ausflugsziel. Auch etliche Ferienwohnungen und einen Campingplatz gibt es hier.
Von Krautsand aus geht es im Prinzip geradeaus am Deich entlang weiter – zumindest in den Sommermonaten (Ende April bis Anfang Oktober) zu bestimmten Uhrzeiten, denn dann können Radfahrer und Fußgänger das Sperrwerk Wischhafener

Süderelbe überqueren. In der Regel ist dies von 10 bis 12 und von 17 bis 19 Uhr möglich; ein Blick auf www.tourismus-kehdingen.de, wo auch Ausnahmen bekannt gegeben werden, schadet jedoch nicht. Ansonsten führt der Weg in einem rund vier Kilometer langen Bogen über Wischhafen. Hier legt auch die Fähre aus Glückstadt an, es wäre also genauso möglich, erst jetzt vom rechten an das linke Ufer zu wechseln.

In Wischhafen kann man außerdem im Kehdinger Küstenschifffahrts-Museum vorbeischauen, das in einem historischen Getreidespeicher hinter dem Deich residiert und unter anderem über die Flussfischerei informiert.

Links: Oben: Eines der beliebtesten Fotomotive in Elmshorn: die weiße Villa
Unten: Klein, aber nett: Kollmar
Rechts: Gatter am Deich und die Ausstellung

25 NSG Haseldorfer Binnenelbe

Naturjuwelen in den Elbmarschen

Am rechten Elbufer indes kommen nach Wedel, wo die großen Pötte gebührend begrüßt werden, bald friesische Gefühle auf. Für viele Kilometer folgt der Radweg dem Deich, auch die Schafe fehlen dabei nicht. Ohne Steigung, mit Weitblick über die Elbe und ihre saftigen Marschenlandschaften geht es auf die Matjesmetropole Glückstadt zu.

Die nächste kleine Ortschaft am Elbe-Radweg ist Kollmar. Viele der reetgedeckten Häuser erinnern an eine Zeit, in der Landwirtschaft und Fischfang das Dorf über Jahrhunderte prägten. Durch eine Stöpe, also eine Durchfahrt im Deich, geht es in einen kleinen Hafen mit Fischimbissen, Restaurants und einem hübschen Elbstrand mit Kinderspielplatz.

Der »Deichtörn« und Fähre Kronsnest

Vom Hafen aus folgt der Elbe-Radweg auf fünf Kilometern dem Kollmaraner Deichtörn, einer Radrundtour entlang der Deiche und durch die Kollmaraner Marsch. Schautafeln an der insgesamt 20 Kilometer langen Strecke informieren über das Thema Sturmfluten und Küstenschutz. In Bielenberg (mit einem weiteren herrlichen Sandstrand) biegt der Deichtörn landeinwärts ab und führt durch die geschützte Marschenlandschaft zurück nach Kollmar – so lässt sich also auch die gesamte Runde in die Elbe-Radtour einbauen.

In Kronsnest nahe Kollmar ist außerdem etwas Besonderes zu finden: Hier kann man mit der kleinsten Fähre Deutschlands über die Krückau übersetzen. Tatsächlich passen sogar Fahrräder in das winzige Holzboot. Zur Uferstation gehören auch die

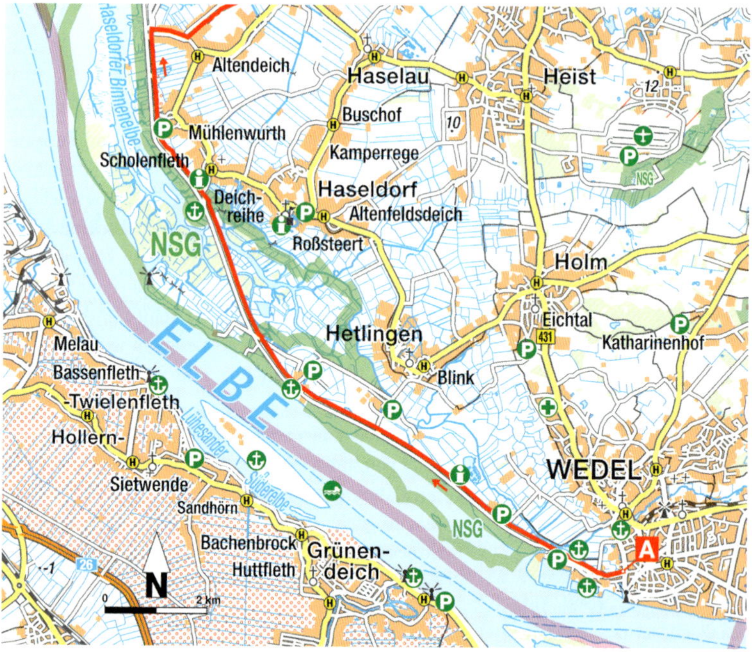

VON GLÜCKSTADT BIS BRUNSBÜTTEL ODER WISCHHAFEN BIS CUXHAVEN

(LINKS- ODER RECHTSELBISCH)

@WICHTIG

Länge der Etappe:
ca. 50 km linkselbisch /
ca. 70 km rechtselbisch

Fahrradservice

Radhus Horn
Große Deichstraße 15, 25348 Glückstadt
Tel. 04124/5735
http://www.radhus-horn.de/

Radhaus Cuxhaven
Nordheimstraße 9, 27476 Cuxhaven
Tel. 04721/663696
www.radhaus-cuxhaven.de

Rad und Tour
Schillerstraße 43–45, 27472 Cuxhaven
Tel. 04721/55 41 00
www.radundtour.de

Fahrrad Zörner
Schillerstraße 66, 27472 Cuxhaven
Tel. 04721/373 90
www.fahrrad-zoerner.de

Küstenrad Brunsbüttel
Koogstraße 1, 25541 Brunsbüttel
Tel. 04852/537 35 55
www.kuestenrad-brunsbuettel.de

Touristeninformation

Glückstadt Touristinformation
Große Nübelstraße 31, 25348 Glückstadt
Tel. 04124/93 75 85
glueckstadt-tourismus.de

Nordseeheilbad Cuxhaven GmbH
Cuxhavener Str. 92, 27476 Cuxhaven
Tel. 04721/4040
www.tourismus.cuxhaven.de

Touristikverein Kehdingen
Stader Str. 175, 21737 Wischhafen
Tel. 04770/83 11 29
www.tourismus-kehdingen.de

Tourist-Info Brunsbüttel
Gustav-Meyer-Platz 2, 25541 Brunsbüttel
Tel. 04852/39 11 86
www.echt-dithmarschen.de
www.brunsbuettel.de

26 Glückstadt

Berühmter Matjes und mehr

Von Bielenberg aus sind es nur noch rund drei Kilometer, bis der Elbe-Radweg fast unmittelbar ins Zentrum von Glückstadt führt. In der weitgehend erhaltenen Altstadt sind viele historische Häuser und Adelshöfe zu sehen. Das Detlefsen-Museum im Brockdorff-Palais, zu dem auch das Stadtarchiv gehört, informiert über die Stadt und die holsteinischen Elbmarschen.

In Glückstadt hat die Heringsloggerei von 1893 an eine lange Tradition. Noch heute wird die Spezialität Matjes hier in zwei Betrieben in Handarbeit hergestellt. Seit 1968 wird das Jahr für Jahr groß gefeiert. Jeweils am zweiten Donnerstag im Juni beginnen die »Glückstädter Matjeswochen« mit der traditionellen Matjesprobe und einer viertägigen Eröffnungsveranstaltung. Am historischen Marktplatz wartet eine gespannte Menschenmenge darauf, dass ein schweres Holzfass geöffnet wird und der erste Matjes der Saison zum Anbeißen bereitliegt. Anschließend steigt eine Matjesparty mit Livemusik, Open-Ship-Meile, Flohmarkt und Kinderprogramm. Ein Highlight der Glückstädter Matjeswochen sind außerdem die Hafenquerung und die Plattschaufel-Weltmeisterschaft.

Hafen und Altstadt gefallen.

Mit der Fähre nach Wischhafen

Wer nun an das linke Elbufer wechseln möchte, nimmt die Elbfähre Glückstadt–Wischhafen. Die Fähre verkehrt tagsüber im halbstündlichen Pendelverkehr, im Sommer kann es vor allem für Autofahrer lange Wartezeiten geben. Am rechten Ufer geht der Elbe-Radweg aber auch noch ein gutes Stück weiter – es sind noch ungefähr 20 Kilometer bis Brunsbüttel an der eindrucksvollen Einmündung des Nord-Ostsee-Kanals mit seinen Schleusen.

Links: An der Elbfähre
Rechts: Der Elbstrom wird hier schon immer breiter.

CAUSEWAY

27 Stör und Wilstermarsch

Wasserbauwerke und geschützte Natur

Die letzten Kilometer am rechten Elbufer prägen auch teils stillgelegte Kernkraftwerke. Umso schöner sind die Landschaften der Wilstermarsch und schließlich das eindrucksvolle Wasserbauwerk an der Mündung des Nord-Ostsee-Kanals. Schon vor Brokdorf geht es außerdem über das Sperrwerk an der Stör.

Beim Endspurt am rechten Elbufer folgt der Radweg meist direkt dem Fluss, der sich nun in einer großen Kurve nach links wendet. Vier Kilometer hinter Glückstadt, wo die Stör in die Elbe mündet, führt die Route ein Stück weit den kleineren Fluss entlang, bevor sie uns über das imposante Störsperrwerk an dessen gegenüberliegendes Ufer bringt.

Oben: Beschauliche Dörfchen liegen an dieser Strecke.
Unten: Auch Schafen kann man hier begegnen.

Vergangene Proteste

Das Sperrwerk entstand von 1971 an als eine der Maßnahmen, die seit der verheerenden Sturmflut von 1962 in und um Hamburg ergriffen wurden. Zu diesem Zweck wurde ein neuer Mündungslauf für die Stör gegraben. Der alte, südlich davon liegende Mündungslauf dient heute als Hafen. Über das Sperrwerk verläuft die Bundesstraße 431 mit einer Spur für Radfahrer.
Zurück am Wasser, gehört der Anblick eines Kernkraftwerks zu den Begleiterscheinungen dieser Route. Das direkt am Elbufer errichtete AKW Brokdorf liegt direkt an der Strecke und ist links zu umfahren. Es soll noch bis 2021 laufen und dann im Zuge des Atomausstiegs abgeschaltet werden. Der Standort war seit den 1970er-Jahren Schauplatz heftiger Auseinandersetzungen über die Atomenergienutzung. Im Jahr 1981 demonstrierten rund 100 000 Menschen gegen den Bau und die Inbetriebnahme des Reaktors. Ihnen stand das mit 10 000 Polizisten bis dato größte Polizeiaufgebot in der Geschichte der Bundesrepublik Deutschland gegenüber. Das Verbot dieser Demonstration wurde später vom Bundesverfassungsgericht als verfassungswidrig eingestuft. In Brokdorf gibt es auch einen an sich ganz schönen Elbstrand (leider direkt neben dem AKW gelegen), ein großes beheiztes Freizeitbad, und von Oktober bis März hat die Eissporthalle geöffnet.

Zeitweise verschwindet die Route ein wenig im Grün.

Die tief liegende Wilstermarsch

Von der Stör bis zum Nord-Ostsee-Kanal erstreckt sich die Landschaft der Wilstermarsch. Sie ist bekannt für eine Spezialität, den Wilstermarschkäse. Die Elbmarschen sind hier noch überwiegend von der Landwirtschaft geprägt, insbesondere der Viehhaltung. Rund 15 Kilometer nördlich hält die Region obendrein einen Rekord:

In Neuendorf-Sachsenbande nahe Wacken – dem Dorf mit dem weltbekannten Heavy-Metal-Festival – befindet sich die tiefste begehbare Stelle Deutschlands. Der Platz liegt ganze 3,54 Meter unter dem Meeresspiegel. Wer Lust auf einen Ausflug hierher hat, radelt auf wenig befahrenen Landstraßen und findet schließlich einen kleinen Rastplatz und ein Holzschild mit der Aufschrift »Die tiefste Landesstelle« vor, neben dem die Flaggen Schleswig-Holsteins und der Bundesrepublik wehen.

An einem Höhenmast ist abzulesen, wo im Verhältnis dazu betrachtet der Meeresspiegel liegt und wie hoch die Pegel verschiedener Sturmfluten waren. Ein anderes Objekt zeigt, zu welch praktischen Dingen sich eine Tieflage noch nutzen lässt: Bei einem sogenannten artesischen Brunnen tritt das Wasser selbstständig zutage, also ohne den Einsatz von Pumpen, weil er unterhalb des Grundwasserspiegels liegt. Schautafeln informieren über dieses physikalische Prinzip und über die Wilstermarsch. Zu dem Rastplatz gehört außerdem eine Schutzhütte mit Gästebuch, in das sich jeder eintragen kann.

28 Brunsbüttel

An den Schleusen in den Nord-Ostsee-Kanal

Touristeninformation

Brunsbüttel
Gustav-Meyer-Platz 2
25541 Brunsbüttel
Tel. 04852/39 11 86
www.brunsbuettel.de

Hinter Brokdorf führen die letzten 15 Kilometer des Elbe-Radwegs wieder ganz nah am Wasser entlang, nur von St. Margarethen bis zum Ortsteil Büttel macht er einen Schlenker landeinwärts. Schon bald ist mit Brunsbüttel ein besonderes Ziel erreicht.

Über das Gelände des stillgelegten Kernkraftwerks Brunsbüttel – eine Alternativroute bringt einen bereits ab Büttel links zurück ans Elbufer – geht es auf die Zielgerade. Bevor das Stadtzentrum erreicht ist, wartet noch ein Highlight: Der Nord-Ostsee-Kanal quert die Route. Eine Fähre bringt auch die Radfahrer ans andere Ufer und gewährt dabei einen Blick

Oben: An der Schleuse
Unten: Schmuckes Fachwerk
Links: An der Elbe bei Brokdorf

Oben: Ein Ozeanriese auf dem Weg in die Schleuse.
Unten: Das Schleusenmuseum »Atrium«

zunächst Kaiser-Wilhelm-Kanal, 1948 wurde sie in Nord-Ostsee-Kanal umbenannt.

Infopoint und Schleusenmuseum

Unbedingt sollte man in Brunsbüttel einen Stopp an den mächtigen Schleusen des Kanals einplanen und dem Treiben auf dem Wasser zusehen. Wie auch in Kiel-Holtenau besteht die Anlage aus einer kleinen Schleuse mit einer Nutzlänge von 125 Metern, bei einer Nutzbreite von 22 Metern, sowie einer großen Schleuse, die es auf 330 Meter Nutzlänge und 45 Meter Nutzbreite bringt. Täglich passieren rund 130 Schiffe, darunter etliche Kreuzfahrtriesen und Containerschiffe, das mehr als 100 Jahre alte Wasserbauwerk.

An einem Info-Point nahe der Hafenpromenade auf der westlichen Kanalseite erklären Schautafeln die Funktion sowie die Geschichte der Schleusen und des Nord-Ostsee-Kanals. Treppen führen ins Schleusengelände mit jeweils einer Aussichtsplattform an jedem Schleusenende. Auf mit Bänken ausgestatteten Spazierwegen kommt man den Schleusentoren näher. Ein anschließender Besuch im Schleusenmuseum »Atrium« rundet die Eindrücke ab. Ausgestellt sind Schiffs-, Landschafts- und Funktionsmodelle, technische Objekte sowie historische

Exponate rund um den Nord-Ostsee-Kanal und seine Schleusen. Hier kann jeder auch selbst einmal Schleusenwärter spielen und per Knopfdruck an einem Modell die Tore betätigen. Das Besucherzentrum an der Schleuse Brunsbüttel wurde im April 2016 neu eröffnet.

Freibad mit Elbblick

Der Hafenpromenade in Richtung Elbe folgend, ist bei entsprechendem Wetter ein besonderes Badevergnügen zu erleben: Das Freibad Ulitzhörn liegt direkt an der Mündung des Kanals in die Elbe. In Rufweite ziehen Containerschiffe und Luxusliner daran vorbei, beim Schwimmen kann man den großen Pötten hinterherwinken.

Auf dieser Elbseite ist die Nordsee bestenfalls zu erahnen – wer die Radtour direkt am Meer abschließen möchte, kann die Tour entweder auf dem Nordseeküstenradweg fortsetzen oder mit der neuen, seit 2015 bestehenden Fährverbindung nach Cuxhaven übersetzen oder auch zurück nach Glückstadt fahren, dort die Seite wechseln und linkselbisch bis nach Cuxhaven radeln.

Infos und Adressen

SEHENSWÜRDIGKEITEN

Offizielle Homepage des Nord-Ostsee-Kanals: www.kiel-canal.org

FREUD & LEID

DIE LEGENDÄRE »WATTOLÜMPIADE«

Bei der alljährlichen »Olümpiade« am Elbdeich in Brunsbüttel treten die Mannschaften in klassischen Sportarten wie Handball, Fußball und »Wolliball« gegeneinander an, und dies auf der schlickigsten Fläche der Republik. Als traditionelle Küstendisziplinen werden außerdem das Schlickschlittenrennen ausgetragen und möglichst ein neuer Rekord im »Schlick-Engeln« aufgestellt – ähnlich wie bei Schnee-Engeln liegt man dabei auf dem Boden und bewegt beide Arme für einen Abdruck mit »Flügeln«. Pokale gibt es auch für die lustigste Mannschaft, den lustigsten Mannschaftsnamen, den besten Fanclub und das beste Outfit. Die Spielfelder stehen beim Einlauf der »Wattleten« meist noch unter Wasser, sobald die Ebbe einsetzt, können die Wettkämpfe beginnen. Sie laufen dann, bis die Flut die »Wattkampf-Arena« wieder überschwemmt und das Turnier auf ganz natürliche Weise beendet. Die Einnahmen des großen Matschens kommen der Schleswig-Holsteinischen Krebsgesellschaft zugute. Zum Rahmenprogramm gehört das Musikfestival »Wattstock« jeweils am Vorabend der Wattolümpiade. Informationen unter www.wattoluempia.de

29 Wischhafen

Durch die Kehdinger Elbmarschen

Am linken Elbufer geht es nun durch das Kehdinger Land, eine vielfältige Landschaft, die sich zwischen der Elbe und der bei Otterndorf einmündenden Oste ausdehnt, mit einem Hochmoor, blühenden Apfelbäumen im Frühjahr und – hinter Freiburg an der Elbe – den Elbmarschen Nordkehdingens, einem Rastplatz für Hunderttausende nordischer Zugvögel und seltene Wiesenbrüter.

Immer geradeaus verläuft der Elbe-Radweg mitten durch die Marschen und das Naturschutzgebiet Außendeich Nordkehdingen, bis der kleine weiße Leuchtturm von Balje ins Blickfeld rückt. Er wurde 1904 erbaut und ist zu besichtigen. Hinter Hörne dann steht man bald am Ufer der die Route querenden Oste. Auch hier kann zu bestimmten Zeiten ein Sperrwerk passiert werden: täglich, außer Montag und Freitag, von 10 bis 17 Uhr, von April bis September auch an den Wochenenden. Außerhalb dieser

Links: Segler im Binnenhafen
Rechts: Oben und Unten: Fachwerk und Schleuse in Ottendorf